I0154815

www.aalmas.eu

Convexidade

António Almas

www.aalmas.eu

António Almas

Ficha técnica

Título: Convexidade

Autor: António Almas

Edição: Edição Própria de António J. F. Almas

 Apartado 111

 7160-999 EC Vila Viçosa

 edicao.propria@gmail.com

Design e Paginação: António Almas

Impressão: P.O.D.

ISBN: 978-989-96808-9-0

Depósito Legal: 381236/14

Vila Viçosa, 1 de Outubro de 2014

7

Convexidade

Percorro-te nos campos abertos de teu corpo, correndo com a ponta dos dedos, voando por entre penhascos e penedos. Sentes o vento da minha emoção, comoção com que derramo sobre teu corpo as águas dos meus lamentos. Lágrimas de chuva que se precipitam do céu do meu corpo que arde no desejo de ser teu. Como um traço subtil oscilo nas curvas convexas do teu corpo de mel. Tu, preenches-me em cada uma da tuas concavidades, resguardando o meu corpo nu de toda e qualquer adversidade. Envolves-me no manto translúcido do teu olhar e levas o meu corpo a voar. Se soubesses como desalinhas a minha gravidade, saberias como centrar-te no meu mundo, como governar a cadência dos dias e a vontade de todas as minhas loucuras. Mas a perfeição atinge-se quando o convexo se encaixa no côncavo e ambos se completam um circulo perfeito. Por isso, deixa-me colar o teu corpo ao meu e fazer em uníssono a declaração duma perfeita fusão.

Sabes o gosto da voz? Aquele sabor que fica preso no corpo quando o eco nos toca? É nesse detalhe que apuro os sentidos, que aguardo a chegada do teu corpo despido. Nesta espera contida, enquanto te vejo aproximar, enquanto te olho para poder-te perscrutar, a minha pele aguarda, arrepiada, pelos sentidos que me vais ofertar. Enches-me o olhar, nas curvas perplexas do teu corpo, onde me quero deitar. És Lua, pleno luar que no balanço sensual do teu caminhar em meu corpo vens ficar. No eclipse deste instante em que os corpos se encaixam, somos côncavo e convexo, somos o no nosso próprio desejo, queremos aquele imenso beijo e deixar os corpos abraçados neste prazenteiro silêncio.

Sabes, às vezes pergunto-me como a tracção

Convexidade

celeste nos induz, como o brilho da nossa pele nos seduz, e como o brilho dos teus olhos, nos meus, reluz.

É nos detalhes da tua pele que invento o desejo com que meus dedos te percorrem. É nos teus silêncios, por entre os teus murmúrios, no meio dos teus gemidos que encontro os meus sentidos. Sei percorrer-te, nos mais pequenos dos teus detalhes, seguindo cada entalhe do teu corpo macio, sou em ti o meu próprio rio que se derrama na tua cama.

O meu corpo conhece de cor o encaixe do teu, cada contorno é esboço que faço na folha nua e imaculada. És como prata, fina e singela, que na suavidade da pele acaricio com a ponta despida dos meus dedos. Percorro a lonjura do teu corpo, em toda a sua extensão, como praia deserta onde apenas cabem minhas mãos. Voo, na planura ondulada do teu ventre, como flamingo rosado, seguinte a corrente desse teu rio subterrâneo que alimenta a foz do teu prazer. Caminho na ponta dos dedos, pelas ruas vazias da tua pele, subindo às alturas, escalando teus desejos como se fosse pincel em tela virgem, como se fosses tu a minha vertigem.

Sabes como amo cada recanto perdido nos detalhes que, escondidos descubro em cada noite de amor. Percebes como sou o teu escultor que em cada curva esbate a concavidade, transformando teu corpo nesta convexidade. Sabes, não sabes? Que dia após dia me entranho em cada poro, no caminho inverso, procurando entrar no teu corpo, que é agora também o meu.

Convexidade

Na nudez desbravada pelas minhas mãos, descubro a suavidade do toque num corpo amadurecido pelo vento. Na erosão do tempo sou sopro que navega à deriva dos sabores que a tua pele exala. Sou mar de lágrimas e suor reclamado pelo prazer de te ter. Igualmente me perco nos recantos, nos detalhes e nos preâmbulos de um instante aguardado, resguardado para o último suspiro antes da libertação do êxtase. Não seguro na garganta o ranger do ar que se faz gemido premente quando meu corpo em fúria se distende numa onda de lava que do seu abismo se derrama, em ti. Não controlo a boca que em beijos lânguidos percorre insistentemente a tua língua como se tivesse naufragado e andasse à deriva. Os braços são como cordas, são laços que se enrolam em abraços perdidos, nestes corpos esquecidos na cama nua. As estrelas, são pontos brilhantes, ou, serão pirilampos que na compressão das pálpebras invadem a escuridão dos olhos bem cerrados no prazer de sermos em nós amados. Teu corpo é a minha terra, o lugar onde lavro com as pontas dos dedos, onde planto a minha semente que da humidade do teu útero se faz fecunda, cresce, amadurecendo os seus frutos nas maçãs coradas do teu rosto reluzente.

O fruto maduro deste desejo incontido, é teu corpo que em minhas mãos sustento, despido. Percorro-te em lugares inacessíveis, viajo em instantes de paixão, como se fosse teu corpo nu a essência da emoção. Nos sabores adocicados da tua pele, delicio-me, como banquete perene que me ofereces em cada noite de amor. Sabes bem o que procuro, alimentas-me na luxúria tranquila do teu colo, como se fosse criança a quem ofereces um caramelo. Desembrulho o teu corpo delicadamente, provo-te, sentindo-te derreter na

Convexidade

ponta da minha língua, num lânguido e prolongado
beijo. És a loucura dos meus sentidos que em
cacofonia se agitam em gemidos. Estremeço, sinto
quão profundo é o teu espaço, o vão do teu
abraço, e a lonjura do teu corpo, que como um
mundo visito. A norte a tua boca reclama o meu
beijo, a sul a tua volúpia chama por meu corpo,
nesta viagem entre pólos perco-me nas cadeias
montanhosas dos teus seios, na planície do teu
ventre. Sabes, em teu corpo construo a minha
casa, abrigo resguardado, pleno de prazer,
gostoso de saborear, onde para sempre em ti
quero ficar.

É no semear as letras que encontro a forma macia
do teu corpo que como campo se oferece ao
cultivo dos meus desejos. É nesta cama macia,
coberta com o cetim da tua pele que deixo meu

corpo convexo resvalar no fogo dos teus desejos. Neste mágico deambular de dedos, sou um misto de pequenos segredos que opero na forma circular do teu corpo, neste momento quente em que a expiração é água em ebulição, amo cada pedaço de ti como se fosses o meu próprio chão, o lugar onde caminho, onde habito.

Em silêncio envolvo-te nos meus braços, como a noite abraça o final do dia, nossos corpos encaixam na perfeição, como se fossem esculpidos da mesma peça, cada protuberância preenche a sua concavidade. Nesta cumplicidade somos amantes, os corpos enrolados rolam sobre este ninho de amor, consumidos pela vontade de se ter. Nesta intensidade perdemos a noção de espaço e tempo, estamos agora presos pelas fantasias da nossa libido, deixamos os corpos ao acaso da luxúria e as bocas sedentas aos beijos de loucura.

Depois uma metáfora invade-nos a alma e numa

Convexidade

explosão de sentidos somos seres errantes no âmago fervilhante do nosso próprio desejo.

O sussurro trémulo da tua voz atinge o meu corpo como uma vaga de mar. Estremeço, como se fosse uma palmeira em praia perdida. As tuas mãos, são minhas, por elas desço ao delírio dos teus sentidos, o teu suor é o sal com que lambo a tua pele, o silêncio deixou-se agitar pelos sons dos corpos que oscilam em frenesim. Há no teu corpo uma obra de arte, uma escultura que fazes com teus dedos. Os meus olhos são o vento que te roça o corpo despido e molda cada curva, contracurva, ausência de rectas por onde perco todos os meus desejos. Os lençóis são velas acesas, são pedaços de peles por nós despidas, são gritos amarrotados pelos próprios sentidos, quero em ti me perder. Nos braços do fogo, ardemos suavemente, num lume cada vez menos brando, num murmúrio cada vez menos calado, na explosão dum momento, que sabemos em nós eterno.

Atiço o lume que carregas no ventre, sopro a pele, como se quisesse que se transformasse em chamas e queimasse o meu corpo com o prazer das labaredas. As minhas mãos são como galhos secos que entram em combustão imediata ao sentir o teu calor. Os meus braços são madeiros que aos poucos se tornam incandescentes nesta dança entre combustível e comburente. Das bocas solta-se o ar que alimenta as vontades, os suspiros que rebentam em gemidos como o crepitar deste mar de brasas.

É profundo o prazer que brota da intensa combustão dos corpos que oscilam em equilíbrios

Convexidade

periclitantes de luxúria. No frenesim descobrimos os caminhos que eternizam o momento em que nos entregamos ao delírio de nos possuir como se fossemos uma única peça do imenso puzzle do prazer. Neste dia especial, decoro-te o corpo com as pétalas vermelhas que solto da rosa jovial do teu delicado olhar, sente-me com a intensidade de mil sois, com a força de um tornado que se faz erupção no mais íntimo recanto do teu âmago.

Descobri-te mulher, no meio de um paraíso verdejante, na vontade sufocante de fazer o desenho perfeito do teu corpo. Ousei tactear-te, cada detalhe, cada perfume, cada essência, o milímetro mais pequeno da tua pele que na ponta dos meus dedos levei. Hoje já não és completa, porque de ti trouxe a matriz, roubei a tua imagem e fiz com ela um monumento no jardim secreto do

18

meu templo.

Enlacei a tua cintura, como um arco de circulo que se fecha sobre si próprio, elevei-te no ar, como pluma suave, que em meu corpo se cola. Fiz-te voar, nas asas soltas dos meus braços e na sombra dos meus beijos deixei tua boca colar. Quisemos falar, usar as palavras que nos ligam, mas, na presença dos corpos, os sentidos enlearam-se em abraços sucessivos que nos levaram para lá do infinito.

Tu sabes que não sou escritor, que apenas te dedico em letras o meu amor. Sabes também que não sou amante, que apenas vivo em ti, a todo o instante. E no fogo da nossa paixão é a tinta com que te escrevo, com que desenho teu corpo ausente. Sente, sente a minha mão, os meus dedos que em ti são loucura, emoção.

Convexidade

Teu corpo é o meu livro, tua pele, papel onde as letras deposito. Este é o escrito, o rito, o momento em que em ti me invento. Neste altar recito, cada letra deste teu livro, serás tu o meu mito? No silêncio, sinto resvalar a tinta, sinto teu corpo delirar ao tua pele tocar. Não há folhas, não há escolhas, apenas a vontade de em ti mergulhar. É teu corpo inspiração, voo rasante que executo com as minhas mãos, nas cálidas praias da tua pele, que em fogo e mel este livro vêm adornar. Quando as palavras terminarem, serei eu a capa que te cobre, o perfeito instinto que te tome, numa leitura delicada de cada detalhe. Nos meandros deste romance, somos amado e amante, personagens da mesma história, reflexos da nossa memória.

A noite é o teu corpo que em minhas mãos derramo, como vento que vem do deserto, cálido abraço em que ti encontro. Teu corpo é oceano, mar imenso de suave tormento onde cada vaga é nosso leito. Depois, no fulgor do desejo faço-te mulher em meu beijo, silêncio que meus lábios encerram ao percorrer teu corpo, minha terra. Das gotas das chuvas faço melodias, que no trinar da brisa invento, em boca, meus lábios sedentos, bebem todos os teus instintos.

Espera, aguarda pelo êxtase, que em doces voos de penas soltas esvoaça, espera-me no aperto dos corpos, como este mundo imenso onde nos mergulhamos. Percebe, cada detalhe que te invento, quando na Noite ao relento, tua boca venho beijar. Sente, como último instante, o fogo em mim pungente, vulcão que me acendes, que em teu corpo rebento. Faz-te flor e fruto, que maduro em meus lábios degusto e, deixa-me por sempre ficar, teus olhos contemplar, e teu amor

Convexidade

idolatrar.

Em silêncio, enrolo meu corpo ao teu, guardo todo o amor que me dás, no peito nu do nosso prazer.

Hoje sinto, acuso o toque dos teus dedos sobre o meu peito, percebo na sintonia da tua voz o desejo de em meu corpo te deitares, te enroscares. Vem, toma-me a pele em mornos beijos, afaga-me a extensão dos meus braços que são teu baloiço. Vem, na Noite escura, mostrar-me a tua ternura, embalar meu corpo côncavo na convexidade do teu. Deixa-me beijar-te, sentir o perfume da tua pele que arde de vontade de ser minha. Adivinha o meu pensamento que voa no vento do teu entardecer. Esses olhos em chama, são faróis que meu fogo clamam, são a complexidade deste sentir que nos funde, nos derrama, é por isso que o meu corpo te ama. Adormece no meu colo, cobre-me com teus longos cabelos e deixa que te carregue para o paraíso. Deixa que te guie os sentidos, levando da tua boca os teus gemidos, bebendo o prazer que te invade em goles suaves do teu desejo. Fica, não vás ainda, a madrugada apenas aliviou a escuridão, mas em nós continua fervilhante a paixão.

A complexidade dos sentidos arrepia-nos a pele, invade-nos os corpos fazendo eriçar os poros. A delicadeza dos teus contornos é eternamente elixir que com minha boca devoro. No percurso dos meus dedos que em ti são ventos acesos, cálidos afagos que temperam a erupção das tuas entranhas. Nas ondas desse mar que concatena teu ventre, condenso a chuva do meu suor que se mistura na pele colada à tua. É primavera e com ela, as flores exalam os perfumes, essências que

Convexidade

em óleos te acaricio. Os movimentos lânguidos são etéreos momentos de puro e simples prazer, quando meus dedos por ti faço descer. As elipses traçadas ao acaso, estimulam cada detalhe da tua carne macia, essa vontade de te possuir, faz-te ser minha, só minha.

Neste deliro em que meu corpo te dedico, entrego às tuas profundezas, o intenso prazer de me tomares, de assaltares com teus lábios todas as muralhas do meu corpo que se rende incondicionalmente à beleza eterna do teu rosto que sobre meu peito fica em repouso. Fantástico momento de êxtase, em que trocamos de corpos, invadimos recantos e banhamos com nossos fluidos as terras secas e áridas do deserto, que sequioso, nos absorve, nos devora e nos consome.

António Almas

Hoje dedico-me por inteiro aos detalhes perdidos de um corpo que não é meu nem teu, é nosso. Sigo por caminhos comuns, pedaços de pele, tua, nua, que deambulam à vista dos transeuntes mas que ninguém aprecia como eu, ninguém conhece como os meus dedos despidos, sentidos, envoltos nos teus. Quero descer os teus braços e focar-me nos teus pulsos, quero sentir a sensibilidade da tua pele quando te afago, o arrepio que provoco quando toco num pedaço sensível de nós. Muitos pensarão, que segredo há nos corpos, que mistérios escondem as partes despidas de preconceitos, que todos os dias damos como adquiridas e pensamos vazias de apelos. Eu responderia que muito, que há muito escondido naquilo que trazes à vista de todos, que nos teus pulsos se agita a vida, que neles se encontra a morte, mas acima de tudo que escondem a sensibilidade duma pele macia, o arrepio de uma carícia sentida de forma diversa quando tocada

Convexidade

pelas mãos certas.

Há tanto que a maioria de nós não entende, quando se esquece que é nos pequenos espaços que nos tornamos mais unidos, que é nos pequenos detalhes que todo o nosso corpo faz mais sentido. Por isso meu amor, hoje quero apenas e só, acariciar-te os pulsos...

Dedico-me ao silêncio do suave degustar da tua pele. Entrego-me ao prazer de sentir a simplicidade das linhas curvas que teu corpo me oferece com última fronteira para o paraíso do deleite. As minhas mãos sondam cada pedaço mágico desse instante em que deslizam sobre a magia da tua imensidão. Sou um pássaro que de asas estendidas plana por cima de ti, sentindo cada perfume, cada pequeno detalhe daquilo que és feita. O arrepio da tua pele é o sinal porque

António Almas

espero, reflexo do teu imenso prazer, aguarda-me na intensa vontade de te ter, de me ter.

A Noite é o manto que nos cobre, que nos envolve os corpos despidos, suados gemidos que se propagam pelo vazio, como se quisessem abafar os ruídos de estarmos aqui, juntos neste instante de pura luxúria. Não, não quero despertar, porque só aqui é onde quero estar, sozinho, contigo, eu quero ficar.

Hoje não sinto a presença do teu corpo nos domínios íntimos do meu, estás ausente, distante, na fria realidade que sem qualquer necessidade, de mim te trás afastada. Não sou consoante no teu texto, não sou vocábulo certo no teu livro, sou verbo errante que apenas preenche o vazio distante de um corpo em desejo. Jamais serei o teu toque, o arrepio da tua pele, o beijo pleno de

Convexidade

mel, porque realmente sou tão só trovador, poeta oco, escritor, que, nas ausências de outro corpo, se veste de vento e sopra trovas de amor.

Não existo quando a capa se fecha sobre o livro, não sou voz quando o ruído se enfeita de festas e convívios, apenas me escutas no silêncio vazio do teu quarto, quando todos saem e te sentes terrivelmente só. Não, não faço falta constantemente, como se fosse ar que teu corpo preenche, sou apenas um livro vivo, que tiras da prateleira quando o tédio se faz contigo mais exigente. Lamento, ser apenas palavras ao vento, ser para ti objecto, companhia que preenche a tua vida vazia. O tempo mostrar-te-á outros caminhos, outros livros, outros sentidos, e, deambularás, na sede de esquecer a tua sina, de letra em letra, de estrofe em estrofe, nos versos que declamas ao vento, procurando nele, afogar o teu lamento. Eu, serei apenas mais um livro na estante das tuas memórias.

António Almas

Há no teu corpo um lugar de partida, um lugar onde começo a minha viagem pelos teus sentidos, um lugar onde pouso os dedos e começo a odisseia do prazer de te descobrir. Depois é deixar-me levar pelos teus sinais, pelas flores que crescem dos teus poros e marcam o arrepio do teu desejo indicando-me o sítio certo por onde dedilhar-te. Sigo, descendo a cordilheira do teu dorso, que me ampara os passos equilibrando o meu balanço, como músico pressiono o teu corpo com a ponta dos dedos como se fosse teclas dum piano acesso. Esta suavidade com que te desço, faz-me aprimorar a vontade de saber onde me queres levar. E quero em minha boca guardar o sabor salgado da tua pele que se mistura no jasmim que inalo do ar e produz um traço inconfundível da tua matriz de mulher. Em teu corpo desnudo, desaguam todos os meus sentires, que sabes em ti fazer confluir, como se fosses a imensa galáxia onde gira o meu mundo.

29

Convexidade

Teu corpo fecundo inflama-se ao passar pela atmosfera do meu, e no atrito suave das peles fazem-se juras eternas, dizem-se frases etéreas neste único sentir da proximidade do prazer.

Deixa-me colidir contigo, deixa que exista essa explosão que só a nossa fusão pode permitir. Deixa jorrar a luxúria, deixa que a minha mão seja quem te conduz, nesse teu corpo nu, que me seduz.

Há no teu corpo escondido um momento, um lugar onde todos os desejos confluem como rios para um único mar, oceano de prazeres intensos onde entrego todos os meus alentos. Esse lugar secreto, que procuro e encontro em cada deriva pelo teu vasto mundo, é o elixir que te faz ser minha, e apenas minha. Não importa quantos já calcorrearam teu corpo, quanto invadiram a tua

António Almas

intimidade, eu sei, como sei, que nenhum conseguiu descobrir esse botão de rosa que guardas em segredo para mim. Esse fogo, que apenas o código impregnado nos meus dedos consegue despoletar, abrasa a tua tez ruborizando-a, transformando-a, transfigurando-te na vontade selvagem de encontrares em mim a fonte que mata a tua sede, mulher!

Encontro no declive íngreme dos teus contornos o fogo que emana da singela beleza da tua pele, nesse recanto escuso do teu corpo encontro o caminho para deixar andar os meus dedos. Sabes, sentes, cada passo, cada toque como se soubesses de cor o meu destino, como se fosses tu o mapa que me indica para onde devo convergir.
É saboroso o lânguido passeio da minha língua no

Convexidade

teu pescoço, os desenhos nascem-te como a flor da pele da roseira, e fazes-te perfume, agridoce que tempera a magia deste devaneio. Deliro nos precipícios que me ofereces, deixo-me cair nos teus vazios e vãos húmidos onde a sede de te ter se transforma, transtorna a libido que se acende como lâmpada incandescente. Gosto de te ver brilhar na minha Noite escura.

Olha para mim, não sou o vazio que costumas encontrar nas letras dos livros que te sentas para ler. Tenho tacto, sentido e direcção, como se fosse vento que enrola o teu contorno, entorno onde repousas tua mão. Vê-me, não como a metáfora que compõe a prosa, mas como o corpo que envolve tua pele saborosa. Sabes que eu existo, na dimensionalidade do espaço, conheces a cor do meu olhar, o sabor dos meus braços que te vão abraçar. Segura-me o corpo, como se fosse uma pena, leve e delicada, como se fosse a lava que derramas no fundo do teu corpo quando em ti me deito. Vem, acorda-me, desperta-me, transforma o meu livro num momento de prazer, faz do meu corpo vela ao vento a arder. Afoga-te no meu oceano, entrega nas minhas mãos o teu prazer e no meu colo o teu mais profundo querer. Vem, apenas vem, em mim te perder.

Gostaria de fazer aflorar as pétalas do teu corpo, como se fosses imaculada flor, que ao toque secreto dos meus dedos desfolhasses o perfume que te é intrínseco. Saberia nesse instante perceber que serias minha, na verdadeira posse que nos é permitida, a da plenitude de vontades, desejos audazes que acordam o Sol no céu da madrugada. Bastar-me-ia um beijo profundo para

Convexidade

agitar todo um mundo de mares em completa tormenta, perceberia no gosto agridoce da tua saliva o despoletar da excitação com que me devoras a língua. Este domínio escondido, onde nossos reinos perdidos se recriam ao toque suave dos dedos, estendidos na direcção dos ventos que nos sopram no sangue quente do prazer. Abraça-me, porque esse é o elo que nos faz corrente, que nos suspende do vazio, e nos faz gravitar em torno do nosso próprio mundo.

Na curvatura do teu dorso, descubro o pôr-do-sol, expoente máximo do fim de um dia. Este silêncio calmo com que sabiamente me entregas o teu mais íntimo momento é o culminar dos sentires, dos desejos com que em mim te deitas, nua, como a Lua que aos poucos nasce do horizonte. Há percursos por descobrir em nós, pequenas pregas de pele que sulcam suavemente o mar do teu corpo. É gostoso este instante, em que me permito descer ao teu profundo ser. Nos lábios, comprimidos suavemente, retenho o sabor da tua pele, enquanto degusto com meus olhos as linhas suaves com que se veste a tua silhueta. É um sublime prazer, esse de te poder ver, na forma mais intimista de te ter. Contemplar a beleza é tê-la ao alcance da mão e não querer tocá-la, por não querer deixar de olhá-la.

No regresso à orbita do teu corpo, deslizo pela atmosfera perfumada de essências que a pele exala como vento vindo dum paraíso escondido nas entranhas do teu pequeno mundo. Mergulho, envolvendo-me no teu murmúrio que me chama, que me queima no atrito pleno de dois corpos celestes. Chego ofegante ao tocar-te com os meus

Convexidade

dedos, tantas são as emoções que despertaste nesta descida aos céus da tua existência. Agora posso sentir o fresco que os teus poros sopram quando caminho suavemente pelos teus trilhos despidos. A maciez da tua volúpia é a contradição mais perfeita do silêncio que em gritos se agiganta no fundo aberto da tua garganta. Entro, resvalo nas paredes húmidas, mas os teus dedos seguram-me... Chove dentro de ti, um sabor doce de saliva que me envolve, que me abraça no calor dos teus lábios que me devoram.

Nem sei porque volto aqui, porque constantemente me entrego, me deixo seduzir pela curvatura suave do teu sorriso, pela voz macia que me embala os sentidos. Há um vício premente de um corpo que é sempre ausente, ou o medo da solidão, que não existindo se faz turbilhão em minha mente. Pergunto-me se serei escravo dos teus desejos, ou, se as minhas letras são feitiços que convergem na coexistência de relações impossíveis por natureza, mas desejáveis por vontade própria.

Deveria ter a coragem de partir o círculo, de cortar o laço, e soltar a amarra. Deixar de existir fisicamente faria de mim apenas um ente, um ser mágico que voltaria a deambular na Noite. Voltaria a ser um sonho, que dorme no teu corpo nas noites frias, era assim que eu seria, era assim que eu era!

É no espírito rectilíneo do desejo que sigo as curvas que me hão de levar ao fundo do teu corpo. A nudez é mera timidez que esconde a insaciedade, a insanidade da loucura com que me vês. Derivo em cada vector como se fosse um

Convexidade

qualquer desenhador de corpos nus, um escultor de massas opacas que em esferas de luz teu corpo traduz. Não, não sou nada disso, sou tudo aquilo que inventas quando em teu pensamento me crias, me afagas e me guias pelas luxúrias infindáveis do teu regaço. Ribeiro, riacho onde me banhas como criança que em ti adormece, nesse sonho que não perece, apenas aguarda, amanhece.

Perfilo-me na estranha saliência que o teu corpo provoca no ar ao caminhar, sigo, como se fosse detrás do teu passar. Vou, absorvendo os detalhes, as curvas e os instantes em que te constróis como ponte oscilante sobre o vazio enorme do vale que se forma no meu corpo côncavo. Vem, deixa-te tombar sobre a nudez do espaço, como se fosses cometa em aproximação ao Sol que te derrete os sentidos e te faz entrar em combustão. Anda, vem ter comigo, colidir com o meu corpo despido numa erupção ancestral de momentos delirantes, em que ambos somos amantes, amados, fundidos, enrolados no turbilhão desta espiral galáctica pontilhada com o brilho dos teus olhos.

No buliço suave da agitação dos dias, seguem minhas mãos vazias em direcção aos arrepios da tua pele. Não há Noite que não persiga o entardecer na constante busca do teu prazer. Não há dia que queira a Noite amanhecer na ânsia de despertar a maresia do orvalho salgado do teu corpo por mim molhado. Percebe que não haveria outra maneira de amar-te, que esta fuga entre madrugada e tarde, não poderia a Noite impor-se ao dia sem entardecer num abraço morno. Neste

Convexidade

espaço mouco acorda o silêncio perene de dois corpos que em delírio se pedem, e ficam quietos, aguardando a madrugada, esperando que esta alvorada seja o nascer de mais um sentimento.

Mergulho profundamente na intimidade do teu corpo, sustenho a respiração, nado no teu entorno. Sentes como agito as tuas águas, como nelas me banho, como nelas me deito. Há na fluidez das tuas linhas uma essência que me alimenta, nos contornos do teu corpo um encanto que se assemelha à floresta virgem, algo por desbravar que sustento na ponta dos lábios, prontos para te beijar a pele macia. É nas folhas que se abraçam ao vento que te envio escritos eternos, como páginas dum diário por escrever, como esculturas em pedra por desfazer. Emerjo para te respirar, como se fosses ar, e no Sol vejo o brilho incandescente dos teus olhos que do céu não param de me olhar.

Há nas formas um descaminho, um lugar onde me perco. Há nos traços do perfil um destino, um sítio onde me deixo ficar. Os dedos tornam-se selvagens ao caminhar sobre as superfícies porosas da pele, são como felinos que percorrem as vontades deambulando soltos pelas paisagens abertas dum corpo a mim oferecido. Espero pelas tuas mãos num recanto escondido, perdido entre pregas, entre desvios que formam padrões ondulantes de marés nunca antes sentidas. Neste turbilhão, elevam-se lamúrias, gemidos e ternuras que descobrimos com as palmas das mãos. E os vazios preenchem-se de vagas, e os navios são engolidos pelos redemoinhos do prazer. Deixo-te um último afago, antes de te ver adormecer.

41

Convexidade

É em silêncio que invento o teu corpo, os traços que riscam as folhas, os tons que se mesclam na água pintando cada detalhe, cada *nuance,* na curva mais apertada das tuas ancas. Apesar de não haver ruído percebe-se no ar o teu gemido ao seres pintada suavemente pelos pincéis dos meus dedos. Esta cumplicidade entre pintor e pintura é o sublimar do erotismo, um eu em nós que se faz de carícias, de tons, de traços indeléveis que percorrem o corpo como linhas imaginárias que nos unem, nos abraçam e nos comprimem, um contra o outro. Neste bailado, o branco do papel fica matizado, nesse momento ofereço-te a alma, que pinto no brilho da tua luminosidade e percebo como me olhas, com a cumplicidade dos amantes que se tocam num perpétuo instante.

António Almas

Diria de mim que sou vento que sopra no abraço da tarde, que sou folha que paira no ar fresco da manhã, que sou estrela cadente que na noite se precipita para escuro do teu olhar. Poderia pensar de mim que fosse um anjo com asas arrumadas, tentando ser homem, procurando preencher os meus nadas. Mas sei que sou palavra, escrita na folha imaculada, que sou verso sem sentido no anverso do teu corpo. Sei que sou letra tatuada na parede da tua alma, na pele despida do teu preconceito, na brisa que é a saudade, o lamento, a eternidade. Depois, é nas ondas do teu corpo feito de mar que me encosto, que flutuo como barco de papel, com prosas descritas nas marés que navego. Sei que ser gente, dói profundamente, porque se sente no corpo por aqueles que sabemos ausentes.

Convexidade

Fico quieto, tentando não agitar a luz das velas, quero que o seu brilho seja constante como o reflexo do Sol na face da Lua. Quero ver-te na plenitude da tua pele nua. Esta atracção gravítica que o teu corpo exerce sobre o meu faz-me girar em torno da tua beleza ímpar. Hoje quero ser o vento que em ti se vem abraçar. Este silêncio que não quebro, quero senti-lo como troca infinita de sentidos, que não preciso dizer ou escrever, apenas absorver. Quero olhar-te, nem preciso sequer tocar-te para saber a imensidão do teu ventre.

Fico imóvel, perante a magnitude do teu olhar, quero em ti poder naufragar.

No exacto momento em que me abstraio da vida lá fora, abres-me a porta do teu infinito, deixando a descoberto o teu corpo, lindo. Pleno, na graça divina de cada contorno que me faz delirar no sentido do toque, no fogo ardente que mata em mim a fome de te ter. Esta clausura é um leito inundado pela ternura que dos dedos se solta como vento, pequeno instante, momento, em que os lábios sorvem os prazeres que apenas o calor dos corpos emana. Perco-me nos delírios, entrego-me à tua dança, perseguindo cada movimento, contorcendo-me para seguir-te cada gesto, neste bailado de luxúria, fazemos a Noite amanhecer com a explosão do êxtase.

É da tua boca que bebo o último gemido, um lânguido beijo que encerra a madrugada, juntos, abraçados, esperamos um novo dia, aguardamos pela alvorada.

Convexidade

É no sal do teu corpo que descubro cada instante do teu prazer. É no gosto da tua boca que encontro o mel da tua essência. É no perfume dos teus cabelos que desvelo os segredos dos teus sonhos. Esta conexão que nos torna eternos é sinónimo duma partilha antiga, em que não apenas os corpos, mas particularmente as almas se relembram de outros tempos. Este sentido descoberto na telepatia dos momentos é característico dos que se encontram depois de tantas eras, frente a frente como se nunca tivessem partido, como se entre eles apenas tivesse existido a química dos elementos. Silêncio, não é preciso muito ruído para saber que chegamos ao início, para entender que estamos encadeados, envoltos nestes corpos macios, reflexos de almas que se inundam de águas novas em tempos de Estio.

António Almas

Se fosse um homem qualquer contentar-me-ia com possuir o teu corpo, queimar-me no fogo do teu âmago, deliciar-me nos teus lábios. Mas isso não me chega, preciso começar ao contrário, tomar-te a alma de assalto, invadir-te os sentidos, percorrer-te os silêncios e deduzir-te os pensamentos. Não sei amar-te sem os detalhes dos teus momentos, sem destilar os teus tormentos, é-me fundamental seguir a tua eloquência, a cadência das tuas letras, os movimentos dos teus sonhos. Quero começar por perder-me nas tuas ilusões, deixar-me invadir pelas tuas emoções, ser o palco dos teus desejos e a vontade dos teus beijos. Só assim consigo depois, segurar a tua mão, olhar-te com perfusão, seguir o destino do teu corpo e amá-lo como excitação. Só assim consigo possuir-te, beber da tua pele a água do teu suor, o prazer que emanas em redor, a sensualidade com que te despes, ou a vontade com que te entregas ao fogo de seres

47

Convexidade

minha. Amar-te assim é tocar a plenitude, mesmo que seja apenas mais uma inquietude que me tolhe a mente, mas é assim que concebo amar-te eternamente.

Esta necessidade premente de tocar-te o corpo, de sentir o calor inerente ao tacto, ao fogo que alimenta o teu interior, faz de mim um dependente do teu beijo, do teu sabor. São raros os momentos em que a ponta dos meus dedos não inventa a poesia que sente cada detalhe desse instante, cada sulco suave dessa tangente rasante que delineio em redor da tua silhueta. Não sabes como o vapor do teu corpo alimenta a vida à superfície do meu, como a tua água, que escorre em inúmeras cascatas, alimenta este meu mundo interior, só assim me é possível fazer crescer as florestas, criar o nevoeiro que as abraça, e viver dentro deste imaginário que me encerra. É do teu corpo que me alimento, no toque manso dos beijos, do leve roçar de línguas que em sal de vida se enrolam, se devoram, num lânguido beijo molhado, é assim que todos os dias nasces em mim.

Percorro-te a alma como a areia percorre o deserto, mar imenso de dunas onde lanço as minhas runas. Leio-te o destino, sei de onde vens, para onde vais, que caminhos tomas quando sais. Conheço os teus becos e vielas, travessas que atravessas, ruas que cruzas na azáfama da tua busca. Conheço as tuas mezinhas, a alquimia com que cozinhas os elementos essenciais, preciosos metais que magicamente modificas. Ambos conhecemos todos estes materiais, energias voláteis que em conjuros agitamos, como se

Convexidade

fossem nevoeiro de prantos, ou símbolos gramaticais que inventamos no círculo zodiacal. Não basta que te escondas, que em silêncios resguardes a tua alma, saberei sempre o teu pensamento, o teu lugar, a tua fragrância, por mais que a dissimules por entre outros perfumes, por mais que a queimes em diversos lumes. Um dia usarei a pele que me veste para tocar a tua, nesse momento silente, ficarás nua e brilhante.

Apetece-me soltar a loucura, essa constante e perene vontade de liberdade que me permite pousar em ti levemente, sentir a curva apertada do teu quadril, aquela perfeita parábola do teu seio desnudo. Quero manejar o teu corpo, como quem conduz um barco pelo rio tumultuoso, quero ser capaz de soprar-te ao ouvido o verso que invento, num cálido alento que infle as velas do teu prazer.

50

Deixa-me escorrer, como quem resvala pelos desfiladeiros do teu peito, em direcção ao vale do teu ventre, como quem sente a torrente que se esvai no teu sangue. É assim que me sentes, como avalanche que te preenche, como fogo que te derrete, como paraíso que te invente, onde a cadência é fluxo constante do desejo que em ti encerro. Eu venero o teu prazer, como último toque, como momento antes de morrer.

O teu sorriso é uma metáfora retirada dum conto de fadas, nele vejo-me todas as manhãs quando o Sol desponta no horizonte do teu rosto nesse mágico momento em que acordas, nesse instante em que os lábios se agitam como uma pequena onda de mar, ao roçar ao de leve na areia da minha praia. Na aurora desse amanhecer, a música nasce num beijo suave e a vida acorda

Convexidade

para o mundo como se acabasse de ser criada, ali, naquele preciso instante, em que o teu sorriso vem pousar no meu olhar. Já não há escuridão, na incandescência deste lugar, é dia feito quando teu corpo o meu vem abraçar. Depois, não há tempo, suspende-se nos lábios o vento e tudo acontece, no sorriso do teu olhar. É na simplicidade deste despertar que reside a chama que alimenta o fogo que a ti me prende, é neste detalhe ínfimo, deste desígnio, que, mesmo sem perceberes é dona e senhora do meu espírito.

Sabes onde vou, por onde traço os meus caminhos na tua alma, por onde deslizo os meus dedos nas estradas do teu corpo. Sou viajante, que sigo para jusante do teu mundo, por entre frases e destinos, segredos e confissões, sou os teus pregões, aqueles que não dizes, aqueles que apenas me escreves, descreves e sussurras quando à Noite te durmo em meus braços. Sabes bem como me ouves, como me escutas nas madrugadas em que não dormes, nas escolhas que todos os dias consomes como decisões imediatas dum futuro, eu sou o teu fruto, aquele que guardas entre teus seios desnudos. Sou o beijo mudo, que cala o silêncio consentido da paixão de ser descoberta, cuidada e amada no vazio da madrugada. Anda, dá-me as mãos, o ventre, o corpo ausente e vem passear-te comigo nos jardins outrora proibidos do teu vasto mundo, onde sou vento, sou tudo, e tu, Deusa senhora de meus domínios.

Amarro os segredos que partilhamos nos poros molhados da tua pele, eles são cadeados que nos prendem, ligações que se estabelecem na química

Convexidade

dos nossos sentidos. Faço descer dos céus borboletas com que te visto a nudez, sopro no ar os desenhos com que teu corpo quero tatuar, e tu, qual Vénus, recebes e acolhes os meus carinhos, como se fosses deserto, sedento de mimos. Esta alquimia ancestral que fazemos, é um raio cósmico que nos alcança, antiga lembrança das artes mágicas da sedução, da degustação dos prazeres carnais, numa aliança com os infinitos poderes celestiais que nos transforma em semideuses alados, entrelaçados nas recordações da nossa fusão. Tu és em mim comunhão, corpo que se derrete no fluir dum rio de saudades, num mar imenso de verdades que me dás, que te entrega nos meus braços, num abraço apertado, num bailado restrito de fogos de artifício que desenhamos no céu nocturno do nosso momento.

Sabes o som dos meus dedos quando roçam a tua pele? Aquele ruído surdo quando meu corpo pelo teu deslizo, é o barulho do amor, quando é sentido. Sabes o som da minha voz? Conheces os acordes das palavras que ganham som, os ecos que acordam ainda mais os sentidos? Sim, estas são palavras feitas de vento, são melodias que ganham corpo, no corpo que trazes vestido. Estes são os delírios que te despem nas noites quentes em que na cama me amas, em que me contas as tuas loucuras e me entregas a alma num gemido incontido pelo prazer que em nós procuras. Anda, fala-me de ti, conta-me em suaves murmúrios todos os teus instintos, abraça-me, cola-te em mim, como se fosses a pele que me cobre de gemidos. É neste tom de voz, calmaria suave, tempestade pujante, vento em nós inconstante que ondulas o teu corpo e te encaixas no meu. Fala, quero ouvir-te! Grita, quero sentir-te!

Convexidade

És em mim um bocado de ti, uma lasca da mesma madeira com que construí as florestas, uma segunda pele que me veste, me protege do frio agreste deste longo Inverno. Anda, vem abrigar-te no meu regaço, nesse infinito espaço que guardo entre meus braços, nesse mundo imenso onde acolho teu corpo, onde beijo teus lábios. Aqui estarás em casa, dentro dos limites do meu corpo serás visita, serás fôlego intenso que acalenta as noites frias. Nestas cinzas serás labareda, e nesta lenha fogueira quente que me abraça. Quero sentir-te chegar, na majestosa pose que se agita no ar, só assim te sei ver, com posses de Rainha, como vestes de nobre elegância que cobrem tua alma imensa. Eu, vergo-me qual súbdito, ajoelho-me ao teus deslizar, como se quisesse teu chão beijar, sabendo que é em mim que queres acordar, depois desta longa noite de Inverno abalar.

António Almas

Deixo os dedos escorrer-te pelo corpo, como se a tua pele fosse o óleo que me impregna as mãos, como se o teu olhar fosse retirado da minha solidão. Não preciso ver, apenas tocar, sentir, a profundidade do teu calor, a loucura do teu ventre quando oscila em ondas de prazer. Não faz sentido acordar, sair daqui para qualquer outro lugar, quando tu és o infinito paraíso onde me quero perder. Não é preciso saber da voz que atira as palavras ao vento, não é preciso sequer perceber o tormento que é não poder sentir este fluxo, este momento de em ti me voltar a deitar, de meu corpo no teu espraiar. Quero, este silêncio eterno, onde nos entendemos, este abraço terno onde nos encaixamos, este beijo profundo onde nos mergulhamos, fusão perfeita de dois mundos, que as letras descrevem como tatuagens na pele fina do teu corpo nu.

Convexidade

Preciso sentir as tuas vibrações, o mote das tuas canções quando cantas nas noites de Lua cheia. Quero ser o mar onde te deitas e o destino completo onde te entregas. Ama-me com a plenitude de quem sabe onde pode levar o toque, onde pode estirar-se o sentimento. Alonga os horizontes perdidos dos encantos que só o brilho dos teus olhos contém. Abre as portas dos teus templos e deixa que se soltem as preces, os encantamentos. Quero sentir a tua força, a matéria da tua construção, quero navegar na jangada do teu coração. Anda, deixa soprar a areia dos desertos, vazar os oceanos da Terra, que os céus se misturem com os mares, para que os azuis sejam mais brilhantes. Subverte o tempo, faz com que gire ao contrário, que os relógios em desacerto sejam canções em desalinho. Faz a vida ganhar forças e que o amor seja não só poesia, mas também prosa, que tudo o que toque ganhe vida. Eu quero assistir ao milagre do teu

António Almas

nascimento, como Vénus em corpo perfeito, como flor carregada de encantamento. Deixa-me saborear o teu pólen, ser dono dos teus segredos, se escravo dos teus desejos. Recebe-me no âmago puro do teu ventre, como eterno amante, como presente do teu futuro. Deixa-me ser em ti tudo, para que em mim possa guardar-te como perfeita fusão dos meus eus, como completa versão da nossa eterna ligação. Só assim serás milagre em mim.

É no difuso momento da minha existência que percebo claramente os contornos do teu ser, é aqui neste lugar obtuso, onde tudo é turvo e confuso que encontro as linhas com que cubro a estrutura molecular da tua essência. Neste olhar penetrante com que fixo cada curva do teu semblante, percebo a infinita certeza de que és

59

Convexidade

quem eu conheço, quem eu mereço ter em mim, como pedra incrustada no magma fluído da minha alma. As minhas mãos são os olhos dos sentidos quando deslizo por todos os teus caminhos, quando trilho os teus destinos com o fogo dos meus dedos que faz correntes de ar quente que descem das tuas entranhas em soluços de seiva branca. É assim que te escuto, mesmo no mais ténue murmúrio, é assim que te amo, neste leve pranto que nos entrega um abraço apertado entre nossos corpos.

Lembro-me, de todas as estradas do teu corpo, sei-lhes as curvas, as descidas e subidas, não preciso de ter os olhos amplamente abertos para conhecer-te os desvios, os atalhos para o prazer que guardas em locais insanos. Sabes bem que cada poro da tua pele é recanto que conheço, que

António Almas

cada gemido dos teus lábios é resguardo onde me abrigo, que cada gota da tua transpiração é em mim inspiração. Não te esqueças como te descobri, palmo a palmo, dedilhando-te como a uma guitarra, noites a fio, na música constante do amor que fizemos, que fazemos e sentimos como ninguém, nos arrepios da pele quando nos tocamos. Nas longas noites, nas tardes que prolongamos, em passeios de dedos pelo desejo macio de corpos despidos, descobrimos o êxtase dos sentidos, bebemos nos lábios todas as vontades, e deixamo-nos ficar, perdidos no tempo, no momento de sermos nada mais que dois seres num só corpo metidos.

Salto, desprendo-me do fio singelo do teu cabelo, para me precipitar sobre o declive do teu corpo, sinto o vento, intenso, percorrer-me a pele,

Convexidade

enquanto sigo, rumo ao vazio, contemplo cada detalhe dos teus seios, caio consciente de que em ti me perco, nos teus relevos, nas tuas concavidades e desfiladeiros. Não temo o abismo porque sei que quando cair a teus pés, terei percorrido cada um dos teus poros nesta derradeira viagem pela tua encosta detalhada, pelo perfume da tua floresta. É fascinante perceber como mesmo em queda livre, tenho ainda tempo para sentir-te, no contorno que sem asas me esforço por perseguir, sem tocar nem ao de leve num pedaço da tua pele nua. Espero extasiado pelo próximo momento em que passo pelo teu ventre rumo ao acidentado vale do teu prazer, que é igualmente meu, e, mesmo a descer vertiginosamente, nesta aparatosa queda, tenho tempo para olhar para cima e ver como é magnificente cada protuberância que forma o perfil das montanhas do teu corpo, como é suave o contorno do teu rosto que me olha de soslaio, enquanto caio. Se tu soubesses a dimensão do prazer da minha contemplação, a razão por que te olho de forma diferente de toda a gente, perceberias porque me atrevo a atirar-me do teu promontório, abraçando o vácuo só para te perceber numa outra dimensão, percorrendo toda a extensão do teu ser.

Este é o espaço ínfimo onde te espero, nesse milímetro exíguo, nessa turva distância entre o meu beijo e a tua boca, entre os meus dedos e o teu corpo que aguardo pelo toque esperado, desejado, querido e requerido por todos estes milénios. Não tenho pressa, esta distância é mais que certa para sentir o calor que emana a tua aura, para perceber a vibração constante em que escorre o teu sangue pela nudez clara da tua pele. Espero apenas pelo tempo certo, pela madurez

Convexidade

necessária para poder saborear o mel que teu corpo trabalha, elabora, jorra e concatena na ponta última do teu abismo. Nem mesmo os gritos do mundo lá fora me desviam o olhar consentido, esta ponte invisível que já nos cola, nos enrola e nos abraça no sentir partilhado de quem está já, completamente enleado nas teias que se apertam. Não respiro, suspendo-me por instantes, mesmo antes de deixar que a leve brisa me empurre, impregnando-me da tua pele nua, da tua saliva morna, do teu deleite que já escorre na ponta dos meus dedos, mesmo antes de te fazer agora, minha.

Nas concavidades do teu corpo encontro os ecos dos teus delírios que como gemidos se propagam em ondas curtas de prazer. Esta é a vontade de saber por onde deambulam os teus quereres, por

António Almas

onde derramas as tuas chamas quando soltas o fogo que guardas nas tuas entranhas. Não há como contornar-te sem perceber a amálgama de sentidos que te nascem na alma e se evaporam em suores frios pelas gotas soltas que te escorrem pela pele nua. Assim, nesta assimetria de conjugações, somos juntos dois vulcões que em labaredas de carmim derramamos desejos sem fim. No final do caminho, lá, onde os corpos já não conseguem controlar o respirar, onde as almas exaustas se recostam nas mãos côncavas dos desejos já satisfeitos, deixamo-nos ficar, abraçados no ar, como se nada, nem a brisa da madrugada, nos pudesse já separar.

Às vezes dou por mim a olhar-te, em silêncio, apreciando em ti a poesia do momento. Olho-te, não como quem te cobiça o corpo, mas como

65

Convexidade

quem aprecia a beleza das linhas, a cor das sombras, cada contorno que com delicadeza vais revelando. O prazer não se prende apenas com as segregações corporais, com gemidos e ais. Há um prazer sublime, que degusto no silêncio da tua intimidade, quando me sento num canto e assisto ao bailado do teu corpo sendo despido. Esse instante, revestido de subtis traços de sensualidade é um pedaço de tempo que se suspende, com a respiração de quem como eu te sente, em cada entalhe, em cada nervura dessa imensa loucura que é ver-te descobrir o corpo num acto do quotidiano, sem ensaios ou intentos, apenas como consequência da necessidade do descanso. Nem te apercebes que te olho, que idolatro a sensibilidade da tua pele, na distância ínfima que nos separa. Que enlouqueço de luxúria ao ir descobrindo cada sombra tua, cada movimento suave que te envolve nesta dança enquanto te despes para ir para a cama.

Entre a luz e a sombra oscilam as formas, são elas que reflectem a maravilha dos seus perfis, são elas que vejo quando olho de soslaio os teus quadris. Este jogo, entre a penumbra e o encandeamento, permite-me apreciar de todos os ângulos os teus movimentos lânguidos. Ensinam-me a perceber a fluidez dos teus traços e o prazer incomensurável de puder-te ver. Esta forma de te olhar, é um flamejar da imaginação, que se solta livre sobre o ar, como se fosse moldar-te do nada, como se fosse acariciar-te no meio do vazio. Não fazes ideia de como te olho, com que profundidade o faço, para mim és uma obra-prima, contornos que a Mãe Natureza moldou em curvas intrincadas de pele macia, de pura alegria que dança no teu olhar intenso. Não consigo cansar os olhos, porque estes são sedentos da beleza uniforme dos teus momentos, dos detalhes dum corpo que se agita como bandeira despregada ao vento. Este instante em que te olho, é o meu doce

Convexidade

tormento.

A névoa suave que cobre os teus contornos é abraço ténue que te guardo. Envolvo-te nas mil estrelas dum manto bordado a luz. Em teus cabelos mergulho, como vento fluído que se derrama em pequenas gotas de maresia. Este espaço ínfimo, em que a intimidade se faz de pequenos detalhes, sou a vaga suave que te invade a pele, o arrepio que em ondas desliza pelos recantos mais escondidos do teu corpo húmido. Sou a tinta que sombreia os teus músculos, a força que agita em turbilhões as tuas vontades. Estas saudades tão prementes que fazem da fluorescência dos astros, fachos acessos nas noites escuras. Tuas lágrimas puras, são sal dos meus lábios, são segredos sagrados que guardo na caixa escondida no recanto infinito da minha alma. E, como se toda esta tela não bastasse, teu corpo preserva a minha singularidade, no carvão suave dos meus dedos que por ti escorrem em suaves lampejos da tua enorme beleza. É assim que fazes sentido em mim.

Percebe na voz que te canta o ritmo dos meus dedos que se precipitam como gotas de orvalho molhando-te a pele. Entende nos acordes desta música os meus silêncios quando em beijos desfolhados te persigo os instintos. Sente no agitar do ar, a atmosfera que te abraça com perfumes de incenso e jasmim. Degusta no meu beijo os sabores da canela e do açafrão, especiarias do nosso amor que premente se estende pelas pradarias desfloradas do teu corpo, feito em mim, presente, que me ofereces. Saber-te

Convexidade

assim, despida em mim, é sentir a eternidade do teu abraço que me percorre num espasmo de fogo e loucura, numa espiral de demente paixão com que te velo, com que te espero, mulher em mim entregue, em mim amada, por mim desejada. Tu és o fogo que me arde no coração, o pranto da saudade que se faz em mim prazerosa ilusão. Esta saudade de te amar, é fruto maduro na árvore do meu pensar.

Desencanto nas curvas pronunciadas de palavras não ditas, os desenhos com que moldo o ar, com que faço o teu corpo respirar, no ofegante estímulo do ritmo que imprimimos às vontades. Este embalo, como ondas que na praia da pele se deixam desmaiar, é balanço que oscila o encanto do nosso barco, feito leito onde ousamos arriscar afogar-nos de prazer. É aqui, no mais profundo siso, que tomamos consciência do infinito, que descobrimos no toque suave dos dedos, nas velas que queimam em mar aberto os ventos do norte, que nos impelem a ser mais sul, mais tropical, mais quente e incidente, neste momento de tanta vontade silente. Como sabemos o rumo se não usamos mapa? Navegamos em função dos sentidos, seguindo instintos, corpo a fora como se fôssemos deitar-nos ao mar, pela borda dum mundo que acabamos de inventar. Atreve-te, deixa-te ousar, anda, faz-me gritar bem alto como é intenso este fogo que explode das nossas entranhas.

Abstraio-me do ruído envolvente, o mundo lá fora suspende a respiração, quer também ele sentir a tua emoção. Este momento emergente propaga-se na penumbra da atmosfera, pejada de perfumes,

Convexidade

de sabores, de pequenos nadas que fazem todas as diferenças serem importantes, no instante em que os corpos se tornam amantes. Esta complexidade reclama dos sentidos toda a intensidade, dos gemidos toda a genuinidade, para que o mar possa fazer-se soar nas ondas e espasmos que investem contra os contornos dos corpos desnudos. Este balanço, em ritmos de tango, persegue-nos em todos os passos, em todos os abraços, fazendo dos beijos rios que resvalam dos lábios em catadupas de prazer. Abro-te a porta da luxúria, como chave em fechadura, quero desflorar-te em novos mundos, quero preencher-te com os fluidos com que te inundo. Este é o sentido do êxtase, abrir-se de par em par, ser-se único exemplar no momento de aos ventos gritar.

É profundo este oceano em que mergulho quando te vejo. Esta sensação de imersão que teu corpo translúcido me oferece. Nesta ínfima distância que nos separa, neste ângulo agudo em que me perco no teu mundo. Este grito calado com que te pressinto, este momento alado em que te velo, é o prazer ultimado de quem sabe como é sublimado o amor em ti plantado. Neste silêncio, de cumplicidades e olhares, de toques na ausência do ar, inspira-se sentimento, percebe-se o tormento de não poder tocar o desejo, de não poder absorver este ensejo de te ter. Depois, fica a sensação amarga, de não poder trilhar todos recantos da tua ilharga. Desfaleço na saudade, nesta dor dilacerante de ser apenas prazer, de ver, de imaginar, de sonhar ter-te. Visto-me do silêncio, da abstracção e da loucura com que sustento os dias, fechado na clausura do meu pensamento, que em ti é vento que percorre a transparência desse tecido que te veste, que meus olhos

Convexidade

despem vezes sem conta, na beleza do teu reflexo de menina, mulher e amante, sempre frágil e sensível, sempre bela e dilacerante.

Acontece-me ter a percepção clara da curva levemente pronunciada da tua cintura. Consigo sentir como cada poro teu é estimulado por cada toque meu. Sei a forma com que mergulhas no espaço aberto do meu corpo, como se fosse feito de fluido, como se o mar começasse onde ele termina, como se o prazer encerrasse o segredo da alquimia que mescla os químicos da nossa magia. A minha presença em ti remanesce, vem de dentro, e reflecte-se na perturbação agitada com que te mexes. Esta não é uma conexão qualquer, uma forma estranha que se entranha em cada detalhe, em cada sentido consentido nesse entalhe do sombreado curvilíneo do teu prazer.

Por isso me partilho, em pedaços de cor, em formas contundentes que te descem pelo ventre. Eis-me rio em ti, que se desprende em cascatas dos lábios sorridentes, dos olhos brilhantes, dos fogos ardentes das entranhas desenhadas com as pontas delicadas dos dedos do amor. Assim, me faço em ti homem, fazendo-te mulher em mim.

Este delírio, de saber real cada detalhe da tua existência, é êxtase roubado ao prazer de ser simplesmente parte dos teus dedos, da tua boca, dos teus olhos revoltos em mares fluídos de luxúria. Por mais que te crie, te desenhe e te pinte, não há estátua, desenho ou quadro que possa de alguma forma retratar esse misto de essência e pele, de efervescência e mel, que faz da tua breve loucura, um instante de fogo intenso, erupção de um só momento que incinera o ar em teu redor. Eu

Convexidade

sou mero espectador desta envolvência, fonte que jorra, em sobressaltos de letras, mãos trémulas, olhar extasiado, instante a ti roubado na perplexidade do teu enlevo. Toco teu corpo em relevo e sinto como se fosse possível o sabor viajar pelo espaço aberto, entre ínfimos milímetros de corpos despertos. Não sei como o Cosmos conspira, como em teu corpo se inspira para deleitar-te os prazeres, sei apenas que te gera, que te agita e concatena num só corpo tantas almas, num só gemido tantos gritos, num só clímax tantos orgasmos. Entrego-me, baixo os braços e a tela fica inacabada, na expectativa de poder terminá-la um dia em que a insanidade se mescle outra vez ao misticismos e num conjuro perfeito se faça magia acontecer e a tua tinta volte de novo a escorrer.

António Almas

Ainda sinto no corpo o calor do teu abraço, a forma aconchegante como as linhas construídas na tua pele se encaixam por entre as extensões do meu corpo. Escuto ainda a respiração tranquila, a essência mansa de quem descansa numa curva do tempo. Sabes, há tanta forma de amar, que a mais bela e singela se encerra na forma como os corpos se sabem abraçar. O encaixe perfeito entre quem se entrega, deixando o corpo à mercê do instante em que tudo se encaixa na perfeição dum suspiro. Os meus dedos lembram-se da textura macia da tua pele, o meu olfacto visita ainda a fragrância do teu perfume, neste encosto de mundos, neste aportar de sentidos que por breves minutos foi enlaçar os corpos.

Este bailado silencioso, em que a forma estática dos corpos oscila em milímetros dum prazer indescritível, é dança delicada, como folhas soltas desprendidas em turbilhão, oscilando no nada.

E ali ficámos, presos àquela pequena eternidade,

Convexidade

num misto de amor e saudade, de quem sabe que vai, que parte, pela estrada da vida, de quem fica, a chorar por dentro, ainda.

Hoje fui o arquitecto do teu corpo, tomei-o como se fosse ar, moldei-o como se estivesses a voar. Peguei no Sol e dei-te sombras, peguei na luz e fiz-te cor. Segurei-te nas mãos e fiz-te Deusa, despida de todos os conceitos, desamarrada de todos os preconceitos, criei-te como se de facto fosses minha. E neste silêncio criativo, lembro o detalhe como um momento em que o meu dedo tocou o céu do teu mundo, enquanto teu corpo desnudo, pousa, envolto em véus, disseminando-se por todos os meus céus.

Hoje fiz-te estrela no firmamento da noite, teu semblante angelical tocou profundamente a minha inspiração e o papel branco virou canção em forma de tons pastel, traços com perfume do teu mel que ainda me escorre da ponta dos dedos, como tinta fresca pintando nossos segredos.

Sabes, entre os traços e as letras há a articulação perfeita de quem se serve de ambos para expressar a forma da tua beleza, a simples e singela leveza do teu ar carregado de fragrâncias de eternidade. É ébrio que fico quando nessa fragilidade quase insustentável, me deixas um beijo nos lábios.

Sabes, a sombra enaltece as curvas do teu corpo, fazendo com que se tornem convexas e apertadas aos contornos da minha mão. Esta luz que te molda, esculpe-te vagarosamente enquanto eu me delicio a observar como se dobra a cada esquina do teu corpo nu. É tudo isto que em ti me seduz, esta nudez destemida que me ofereces,

Convexidade

juntamente com a claridade que te desenha as sombras em tons pastel, fazendo-me derreter em quente mel. Há sempre um detalhe novo de cada vez que visito teu corpo, uma nova descoberta num mundo em constante evolução, numa pele em constante erupção neste fogo premente da nossa paixão. Se soubesses como me entrego à observação, enquanto teu corpo adormece na exaustão da nossa emoção. Fico acordado, atravesso a Noite como quem segue na escuridão a tacto, sem precisar de guia, sabendo de cor, de teu corpo, cada pedaço. Houve-me, enquanto mudo te falo do meu coração, na vontade de admirar a tua despida beleza, singela princesa. Escuta a minha exaltação, como fico ébrio de desejo sempre que teu corpo vejo.

António Almas

A melodia que em batidas suaves faz vibrar os corpos é eco que nos despe, nos impele a reverberar em todas as direcções. Este momento, fixo no tempo é como se coincidíssemos no mesmo espaço, respirássemos o mesmo ar, sentíssemos o mesmo arrepio em instantes diversos. Estar aqui, mergulhado no som desta musicalidade que é a tua presença, é como difundir um gemido que se propaga pela pele como um grito, que desce o corpo à procura do infinito momento em que a sombra se desprende da luz. Que te faz repercutir ao detalhe o prazer por mim, em ti instigado, por ti, dentro da minha alma inventado. Esta estranha forma de fusão, em que tudo ao redor gira envolto na névoa suave do teu clarão, é a ínfima partícula da criação, do amor infinito, aquela que nasce do zero, do nada e enche o vazio com a luz da alvorada. Chiuuu!.... Não digas nada!

Convexidade

Ah se soubesses, clara e inequivocamente, como do ar faço vento, e do tormento corpo, que aguento em sôfrega saudade de não poder mais contornar-te com o risco do meu dedo. Não posso descrever-te o mistério que te trás viva pelas estradas curtas dos quotidianos que o destino te traça, mas sabes que te persigo com o único intuito de poder ver as sombras da luz no teu corpo desnudo. Sim, chama-me *voyer*, louco ou outra coisa qualquer, afinal eu sou o teu invento mais secreto, o teu prazer mais recôndito, o teu desejo inconfesso. Por isso não me escondo, faço-me presente neste perpétuo encontro entre o teu espírito e a minha mente, neste desconcertante frente-a-frente que mantemos porque queremos olhar-nos sem rodeios nos olhos um do outro.

António Almas

No limiar da tua curvatura, nesse perímetro que forma a tua cintura, orbito o teu corpo, numa elipse perfeita, absorvendo a luz do teu ventre, cada detalhe dessa corrente que te prende a mim. Esta sensação de atracção entre dois corpos, mantém em equilíbrio a gravidade dos sentidos, como se fosse possível equilibrarem-se no ténue véu que te cobre, nessa névoa pálida que te veste e oculta a beleza pura da tua própria superfície. Na sombra do teu dorso desenho as tatuagens que te adornam como ramos de árvores que crescem em direcção ao infinito, como pássaros que voam pelo teu céu despido. Nesta perfeita sincronização, o calendário dos nossos dias é preenchido com prazeres e alegorias, alimento para as sensações e demais emoções que crescem das sementes plantadas, que sobressaem em flor, nos poros arrepiados da pele. Não existe prazer mais intenso, que o tempo que levo a orbitar o teu corpo, descobrindo-te maravilhas e saboreando o

Convexidade

leve roçar pela atmosfera perfumada do teu ser.

Sempre, neste estádio de sublimação, o fulgor em mim é fusão de corpos, amálgama de peles contorcidas ao sabor dos solavancos mais apertados da vontade de um tomar o outro. A música é grito contido no gemido mais intimo duma boca fechada porque saboreia os goles agridoces dos fluidos em ti derramados. Não há como conter-se perante tamanha exuberância de desejos. Não há como não pressionar os corpos, um conta o outro, como se fossem vagas que investem contra rochedos macios, feitos de algodão e seda. Esta amaragem é ondulação que obriga o meu fogo a fazer-se espiga, a disseminar sementes pelo vão macio do teu ventre.

Este tremer, que quase colapsa a estrutura física das estaturas prostradas do pós êxtase,

António Almas

demonstra-nos a fragilidade de que somos feitos, aquilo que nos suspende do ar, como fios invisíveis de cetim que sustentam a leveza dum ser que não só é, mas que ambiciona ser vento sobre planície tombada em teu corpo despido de nada.

Há sempre um tempo passado, entre um traço e o outro. Há sempre um abraço apertado entre um encontro e o outro. Estes momentos que parecem vazios, são contemplações, recordações e estios, para que possa olhar-te, saborear-te em cada detalhe. Estes instantes em que me perco vendo a roupa escorrer-te o corpo completo, descobrir-te a nudez, na perfeição dum risco que o Criador fez. Quem me dera ser capaz, de expressar a minha eloquência, com essa premência com que Ele o fez. Sou apenas um aprendiz, um mero fazedor de

Convexidade

prosas, um simples contador da história da tua beleza, por isso tento fazer-te à Sua imagem e semelhança, Deusa. O tempo dá-me a paciência, os erros a sapiência, e os anos a capacidade de assistir à maturação do meu pensamento, à asserção do teu sentimento que enaltece a obra-prima que és. Por isso, sempre que há um segundo, uma hora, um século entre um toque e um beijo teu, fico, quieto, neste mundo tão meu, degustando um prazer tão nosso, de te ver simplesmente com a ponta dos meus sentidos.

É corpo, pele, sentido fiel de quem percebe, a cada olhar, o imenso mar que te preenche. É espaço aberto, savana, luar, deserto, que descobre meu corpo quando te ama. É silêncio, passado, presente, todos os tempos de qualquer verbo, este desejo que o futuro não descreve, mas que sinto em cada beijo que ao de leve te deixo.

É assim que te vejo, nessa simetria inconfundível, que me deixa louco de vontade de mergulhar na saudade de teu corpo sentir, nem que seja um breve minuto, ou uma eternidade porvir.

Enlouquece-me a sombra que projectas quando o Sol em chama, te contorna como mãos invisíveis, como luxúria indescritível de quem, como eu, te ama. Quem me dera puder um dia, esquecer a minha cobardia e empreender viajem, rumo à margem que confina teu lago secreto com a minha miragem. Espero, que o cosmos me projecte, como tatuagem perene na tua pele sensível, que na tua alma escreva o meu nome e que não sei donde, te possa de novo abraçar, esquecendo que entre nós há todo um mar.

Convexidade

Há no ruído que contorna o meu corpo, uma amálgama de sons que tentam distrair-me, abstrair-me e fazer-me perder da essência que delineia o perfil do teu sorriso. Mas é impossível desviar o olhar, sequer respirar mais que um breve gole de ar, porque não quero que os meus olhos pisquem, não quero que a imagem trema, e que a projecção perfeita dos teus lábios na minha retina seja abalada pelo colapso dum grão de poeira, ou sequer de vidas inteiras. Neste momento não estou para o mundo, mesmo que qualquer avalanche me queira soterrar, um sopro há-de bastar, para desviar qualquer catástrofe que queira fazer-me mover um músculo que seja. É com fervor que te adoro, como quem se entrega à fé do teu semblante, como peregrino errante que vagueia pelo deserto, sabendo que a qualquer momento descerás sobre mim como um sacrossanto anjo para me abraçar, para me confortar e me levar para o paraíso prometido.

António Almas

Hás-de salvar-me a alma, beber-me o corpo, como se fosse feito de água, e, guardar-me-ás no teu âmago, numa noite de tormenta, em que nem que o mundo desapareça, algo nos afastará. Depois desse instante, nada mais poderá existir, que tu e eu, e o nosso porvir.

Há um mistério que paira no ar, um sabor de jasmim que adocica os lábios como se me quisesses beijar. Há um momento belo, pleno de prazer que me suspende o respirar, como se não quisesse agitar o ar. O silêncio é detalhe preponderante para poder degustar este instante. Do nada surge o teu semblante, corpo despido, caminhante, que vagueia pela atmosfera, agitando as curvas sobre a luz ténue da madrugada. Eu, imóvel, deixo-me ficar, para poder degustar cada risco que a sombra faz no teu corpo, cada

Convexidade

matizado que a pele contorna nas curvas delicadas dos teus gestos. Hoje o dia amanhecerá diferente, a luz será mais proeminente e a manhã ganhará um novo brilho. Chegaste! Quebrando o ritmo do quotidiano, como se do nada se dissipasse a névoa, como se das trevas renascesse a luz, é sempre assim, quando tua alma, teu corpo conduz.

Um dia vou saber escrever, descrever, com a maciez suficiente, as palavras doces que expliquem ao mundo, os verdadeiros sentidos expressos nas curvas da tua pele. Até lá terei de contentar-me a deduzir das sombras, os vultos e os contornos que fazem da beleza nua do teu corpo, uma estatueta delicada e frágil, contudo, intensa e poderosa. Embevecido contemplo-te, qual Deusa sentada no púlpito do meu corpo,

António Almas

aprecio o detalhe, o fôlego que me falta, como se fosse eu acabar-me ali, perante ti, tamanha é a emoção de ter-te.

Depois, deixamos o silêncio invadir-nos, as respirações ofegantes, distendem-se em calmos suspiros e os corpos despidos aconchegam-se no abraço prometido, na dissolvência dos fluidos já por nós derramados em espíritos amados e envolvidos no âmago dum leito perdido num lugar escondido de nós próprios.

È assim que te desenho na penumbra do quarto, enquanto espero longas horas acordado, pela alvorada que há-de levantar-me do nada, frio e escuro deste confuso tormento onde todos os dias me sento e te escrevo.

Parto hoje, em busca de trilhos do passado, procurando por entre as memórias um legado

Convexidade

esquecido à nascença deste corpo envelhecido. É no eco, que me assalta nas noites mal dormidas que revejo essa estrada tantas vezes percorrida, que me lembro de como eram frescas as madrugadas quando me deitava em tua pele despida. Por isso preciso descobrir de novo as ligações cósmicas, que como fios invisíveis comandam destinos e nos colocam em caminhos que havemos de descortinar, explorando vales e montanhas por onde nossos espíritos já voaram, rios que atravessaram e perfumes que cheiraram nessa eterna Primavera do nosso amor. Não ficarás só, porque contigo deixei a essência que me fez, os milhares de palavras que escrevi, e toda essa saudade de não ter sido muito mais que um poeta de prosa leve, de breves trechos sem continuidade. Mas quis a vida que fosse tãosomente isso, um papiro envelhecido, adormecido numa caixa de Pandora que já não sabes abrir.

António Almas

No perfil dos tempos moldo-te o espaço, confinado, apertado ao corpo despido do teu ventre. Vem sente-me, escorregar pela tua pele, como se fosse mel, morno, que se derrete no calor intenso do teu corpo. Não existe apenas a tridimensionalidade em ti, há um universo pleno de outros espaços e medidas com que não consigo construir o teu corpo, por isso o idolatro e o acarinho, para que da perfeição das sombras imerjas feita de luz e emoção. É meu pequeno vulcão, lava quente em torrente que moldo com minhas mãos.

Neste abismo da criação, mergulham os que sonham com a beleza pura, com a essência que se veste de corpos diversos, tu és a galáxia que desenho, a constelação de estrelas onde me deito e a iluminura onde escrevo. Por isso me jorra das mãos a tinta, como que gravo a fogo o papel, para tornar eterna a tua existência de mulher.

Convexidade

A curvatura da sombra quando atinge o contorno do teu corpo, precede a admirável beleza do singelo nu com que me presenteias no lusco-fusco deste íntimo momento. Por vezes não preciso nem tocar-te, nem amar-te a pele, basta-me com adorar-te com o olhar, e perceber em ti a perfeição que se reflecte na frágil nudez da tua silhueta. Passaria horas a perceber cada poro, cada imaculada protuberância que faz de ti, modelo único de perfeição, templo impoluto de profanação, onde me deito e espero pelo arrepio do teu fogo.

Não necessito de tempo, porque ele é como o vento, por vezes sopra veloz, outras é silêncio atroz que me deixa ficar sem respirar, ao descobrir cada detalhe que me fazes em ti inventar. Sabes, não quero tocar-te, não agora, nesta hora de admiração, de exaltação, em que te contemplo, em que te venero como Mulher inteira, perfeita Deusa que nas sombras deste quarto, a meu lado

António Almas

se deita.

Hoje quero que me sintas como se o meu corpo fosse água das chuvas, que se precipita em suaves gotas sobre a tua pele nua. Quero molhar-te suavemente, cobrir-te por completo, envolvendo cada detalhe, contornando cada convexidade da tua existência. Não temo ser absorvido, pelos poros agora despertos, pois é meu desejo impregnar-me em ti, deixar-me ficar, nesse íntimo abraço que nos cinge.

Hoje quero balançar-te em meu regaço, como quem embala um corpo cansado das agruras da vida, quero ser teu leito, teu mais profundo desejo, enlace perfeito de quem dorme, sem medo. Quer ser a tua intimidade, essa profunda saudade de te habitar, de querer ficar eternamente dentro de ti.

É nos espasmos do teu corpo, na turbulência

95

Convexidade

inexplicável que o amor nos provoca, quando os corpos se roçam em lânguidos movimentos, que juntos tocamos as estrelas. Nesta perfeita cumplicidade entre o palpável e o essencial, entre o puramente profano e o divinamente santo, percebo a dimensão imensa da tua existência, desta minha vivência que em ti mora, desta saudade enorme que a tua ausência me aporta.

A fusão das almas é um rio de águas calmas, em que cada parte de nós se difunde, se solta e se funde em espessos abraços no corpo do outro. Não, não somos mais disformes, pedaços soltos de tantos outros corpos, mescla de vidas, tantas outras almas, e destinos, agora, aqui, envoltos nesta calda fervente, somos apenas uma só gente, um só corpo, reconstruído com as mãos um do outro.

António Almas

Sabes meu amor, o agora é apenas um momento de fulgor, mas tu, eu, somos ancestrais, almas vivas de outro cais, atravessando oceanos de turbulências para se entregarem neste mar, feito de calmas marés, de tantas outras vontades que abraçar-nos não significa apenas tocar os corpos, cingir-se a um só movimento, mas diluir-nos nos átomos da nossa essência e fazer de nós nova criatura que emerge com ternura da placidez deste lago.

Quando a madrugada vier, despertar o nevoeiro que nos cobre, a manhã em nós descobre um novo ser, um novo amanhecer. Esta alvorada encontrar-nos-á juntos, eternos amantes, perfeitos amigos, almas unas que num só corpo se partilham.

Convexidade

Sigo a intuição como sentido de orientação nas margens curvilíneas da tua pele. Só ela me permite encontrar o caminho das tuas energias, esses campos magnéticos que orientam os teus desejos e despoletam os teus prazeres. Os dedos correm suavemente, como se caminhassem em seda macia, seguindo essa pronunciada euforia que ao de leve te arrepia e faz sentir, profundamente cada passo dado em ti.

A musicalidade provoca pequenas vibrações no ar envolvente, soprando teus cabelos suavemente, como se fosse o vento gente, mas é tão-somente, o meu respirar ofegante, que se propaga pela planície desnuda da tua paisagem idílica. Já perto da foz, deixo-me levar na torrente, suave banho de fragrância que me imerge totalmente, no fluir constante da tua vontade de me guardares dentro do teu corpo, como porto seguro onde abrigo a minha escuna.

Todo este momento, perfeito no seu movimento, é

98

António Almas

sinfonia reescrita, nas vozes silenciosas que os gemidos guardam, como testemunho implícito do amor que fazemos, quando nos braços um do outro nos perdemos.

Neste mar interior, que banha as entranhas dos sonhos e inunda de prazer as vontades do teu corpo, há correntes que me arrastam, de um lugar a outro, como barco em deriva prolongada. Neste sítio húmido, onde a luz é quase nada, balanço com o ondular do teu corpo, como habitante perdido num destroço de navio. Roço com suavidade as paredes dos teus limites, essas pregas quentes por onde escalo, procurando o caminho que há-de levar-te ao delírio dos sentires. Sou em ti vulcão, lava morna que derrama pela encosta resvaladiça desse âmago profundo e fecundo onde deixo a semente do meu futuro.

99

Convexidade

Cá fora, as peles são alegorias, cheias de perfumes e fantasias, de êxtase e clímax de prazer, num amassado de congeminações, permissões e devaneios que enlouquecem a libido em abraços desvairados e gemidos gritados em uníssono. Esta intensidade é a forma mais plena de amar os corpos, partilhando-se, dando-se até que as forças nos desfaleçam e a Noite, o dia amanheça.

Gosto de inventar-te na ponta sôfrega dos meus dedos, como se te desse vida, como se soprasse em ti a alma que te anima. Esta liberdade de fazer-te à imagem dum secreto sonho, dá-me alento, deixa-me sentir imenso. Sei que sonho, que mitifico e recrio uma quimera, que tu és todas elas, um reflexo de cada pedaço de alma, uma confluência de espíritos que em essência te

100

comportam mas não te possuem.

Apenas eu consigo, neste desvario, tocar-te o corpo etéreo, amar-te neste vazio imenso que é a utopia, deste minúsculo lugar chamado imaginação. Dirão de mim que sou louco, que busco em vão, aquilo que é apenas ilusão, mas, só eu sei que não, que tu és a realidade que criei, a loucura que amei, a cicuta que beberei na minha última vertigem, antes de partir, para te possuir, uma última vez.

Já te falei do sabor da tua pele? Do detalhe que perscruto quando a língua tem sede bebe o suor do teu prazer? Quiçá nunca o tenha explicado por palavras, na ânsia de fazer-te senti-lo no exacto momento do êxtase, em que teu corpo no meu fundido, jorra, como fonte de águas fresca, em gotas derramadas, como lágrimas, pela arqueada

Convexidade

curvatura do teu dorso em esforço. Aquele grito calado, nos lábios mordidos pela tua boca, é espasmo dum vulcão em erupção no centro gravítico do teu universo, como se nascesse naquele momento uma estrela no vago espaço do teu ventre em chamas. É por isso que nesses instantes, prefiro olhar-te fundo nos olhos, segurar-te o corpo num abraço profundo que, roça quase a tensão de quem tenta amarrar ao cais um barco em movimento, e deleitar-me com as sombras da tua silhueta, sentada sobre mim, escutando as ofegantes respirações que ambos em alvoroço, tentamos, sem sucesso, controlar.

Acto final, apoteose, inspiração profunda, corpos trementes e exaustos, mentes purificadas e almas lavadas nesta enxurrada, que banha agora os lençóis molhados onde nos amámos até ao limite das nossas forças.

António Almas

No delírio dos sentidos, os meus dedos percorrem-te como se caminhassem em luxuriante prado, sentindo cada poro como uma flor que desponta num jardim pleno de exuberância. Descubro os portais do teu prazer, que activo com o desejo de te tornar plena na tua já magistral perfeição. O teu corpo, silhueta que na penumbra me veste, resvala, como maresia sobre o meu peito, como onda de maré que inunda todas as minhas sensações.

O fogo manso que arde na atmosfera impregnada de vozes contidas e gemidos declarados na brisa ondulada dos incensos, é cálida torrente que banha a nudez da nossa luxúria, num voo rasante de mil pássaros azuis. Este confinado momento, em que nos fundimos, levamos a fusão à extrema perfeição de quem sabe amar-se entre o cetim das emoções e o frenesim da loucura.

Sabes amor, esta viagem, sobrevoando-te, é como criar uma obra de arte com tintas feitas de prata e

103

Convexidade

sombras feitas de Lua cheia, é assim que me preenches e me fascinas, é assim que me enlouqueces e me dominas, nos braços apertados da nossa paixão.

É minha a perplexidade do detalhe, aquela inusitada loucura que me absorve quando os meus dedos pousam levemente sobre a pele nua do teu corpo. Não saberia dizer-te nesse ínfimo momento, todo o sentimento que esse roçar de peles pode desencadear. Teria de comparar-te a um vulcão em ebulição e teu corpo a lava ardente que resvala na torrente, sendo o meu, ar que queima a cada incandescência. É nessa rubra cor que enlouqueço ao fazer em ti o amor. Desejo maior, imensa magnitude que oscila toda a estrutura delicadamente intrincada da tua existência e, se reflecte no meu âmago, numa

104

António Almas

turbulência agitada, como se o oceano fosse, dum momento para o outro, engolir-nos numa vaga, solidificando-nos ali, fundidos, naquela amalgama de fluidos.

Pode parecer-te insanidade, falar de tão pequeno momento, com tamanha comoção, mas, o infinito pode, tantas vezes, caber na palma duma mão.

Se eu pudesse, inventar-te-ia em prosa, em poesia. Se eu fosse inventor, criar-te-ia do ar, com cabelos de vento, e corpo de areias macias. Mas, sendo tão pouco quanto sou, resta-me fazer-te na imaginação dos meus relatos, neste momentos em que paro e sinto, como é lindo poder imaginar-te, como cresces dentro de mim, como árvore num majestoso jardim. Teu corpo, vertente inclinada, com suaves montanhas debruçadas sobre o meu peito, é mundo invertido, céu esculpido numa

Convexidade

nuvem qualquer. Eu, prado verdejante, de olhar lancinante perscrutando constelações, fazendo combinações de estrelas, como se fossem elas átomos da tua pele. Não sabes do que seria capaz, da força, da energia voraz que em vagas de criatividade impulsiona este mundo de fantasia que desenhei no meu pensamento, e onde tu és nele, monumento que venero.

Espera, não vás já, apesar do dia reclamar os meus sentidos, quero ficar aqui, por mais uns instantes, contigo, num singelo abraço inventado no regaço deste nosso mundo, confluindo para uma sã loucura que é esta minha forma de ternura. Espera, deixa-me afagar-te a pele, polir-te o corpo ainda riscado a grosso pelos traços do esboço, quero fazer-te Rainha, Deusa divina que em mim há ficar, para sempre.

António Almas

A eloquência com que agitas o ar, é sinónimo de quem sabe por entre ele passar, caminhar, na vontade expressa de quem atrai ao corpo os olhares desajeitados de quem, como eu, fica ali sentado, a ver-te chegar. Esta perturbação, vontade inexplicável de ser já desejo, mesmo antes de ser tocada, faz de ti, reverente imagem de virgem pudica, que carrega nas curvas a vontade de ser mulher, pecadora, na essência da verdade, do prazer e da realidade, de quem é amada com o perfume da saudade.

Deixo-me estar, porque amar-te não é apenas penetrar o corpo em cio, mas sobretudo, degustar num olhar, a silhueta, a sombra e a perfeição do teu corpo em lento movimento, sobre o chão. Sigo-te, com um olhar discreto, de quem parece não ver, mas observa atentamente as correntes de ar que arrastas, os comentários que despoletas, e mais que tudo, o desejo que me despertas. É este o detalhe que me faz gigante, perante os demais,

Convexidade

porque te não cobiço, porque te tenho nos meus desejos mais profundos, é assim que te respiro.

As sombras determinam a complexidade com que a luz se verga aos contornos da tua pele. Esse silêncio que apenas a luminescência compreende, propaga-se infinitamente sobre a perpendicularidade do meu olhar atónito. Perpetuaria o toque como forma de eternidade, promulgaria para sempre, o prazer que se sente ao caminhar sobre as coordenadas elípticas que te invento, no corpo molhado, sedento de ser tocado.

Suspender a progressão do tempo, para tornar este momento único, deleitante e profundamente delicado, como delicada é a dança dos corpos celestes, que em derivas perfeitas se contornam, se roçam, chegando a chocar, fundindo-se no prazer desse abraço imortal.

A arte pode ser efémera quando sabemos que a escultura que contemplamos se agita, se dissipa na névoa dos tempos, perdendo-se a cada momento, a unicidade da beleza do instante.

É delirante a descida pelas curvaturas suaves e perfumadas da pele, como quem busca um arrepio de prazer, um grito de silêncio ao amanhecer dos corpos impregnados de tensão, no fogo lento duma paixão transcendente. Não sei explicar, não encontro palavras para falar, para dizer e escrever a sensação de dentro de ti meu corpo perder. É vaga a racionalidade, quando tudo em ti é vontade, e eu te persigo por belos e instigantes abismos até ao mais profundo detalhe, até ao fundo do teu corpo, como quem talha em madeira exótica a luxúria da feminilidade.

Convexidade

Louco serei, insano me confesso, quando por ti desço até mergulhar, nesse teu mar que alaga o meu leito, nesse teu jeito de me segurar, nesse teu abraço perfeito que não me deixa cair no vazio. Não compreendo, como me entrego assim, como propago este desejo de estar em ti.

Fecho-me, sobre a curvatura do corpo, como uma concha que protege a sua pérola mais preciosa. Guardo-te, no profundo âmago, no secreto e lúgubre quarto onde te amo. Neste pedaço de espaço, confinado às paredes da alma, aos lençóis que abrigam a cama, faço-te minha, vestindo-te o corpo com carícias, dando de beber à tua boca, beijos de prazer, e tomando o mais íntimo recanto do teu corpo para mim, mergulhando, profundamente na génesis da tua essência, lugar-comum onde somos fogo, erupção

António Almas

e êxtase.

Resguardo-te, como se temesse que o mar em fúria te arrancasse dos meus braços com a força das suas vagas, como se fosse meu o medo de existir, nesta oscilação que o oceano lá fora provoca aos corpos dentro desta nau feita de sonhos e desejos. Por isso te protejo quando te amo, quando te toco e me perfumo dos fluidos do teu corpo, para que nenhum maremoto possa levar-te para o largo, para que sempre permaneças nesta ilha que é o meu corpo, o meu espírito, nesta casa que é a nossa alma comum.

Não sei se me escutas, por entre os teus pensamentos, se ouves o ruído da minha alma quando percorre os corredores das tuas memórias. Não sei se me entendes quando te falo, no silêncio da minha voz, onde as palavras são

111

Convexidade

preenchidas de sentidos e as emoções são cascatas que escorrem pelas montanhas do teu corpo, precipitando-se nos vales férteis do teu ventre. Ainda assim, continuo a tatuar as paredes do teu corpo, com a ponta dos meus dedos, desenhando as letras que te escrevo, noite após noite, em sonhos que mais parecem alucinações. Continuo, lançando mensagens contidas em recipientes de vácuo, neste mar agitado que há-de levar-te os meus textos, à deriva por oceanos de saudade, como barcos a caminho das descobertas de mares por navegar.

Esta epopeia, é empreendimento solitário, viagem sem retorno que me proponho, na solidão dum quarto, onde a música me guia e as vozes são marinheiros gritando no convés dum navio, há muito abandonado à sorte de te encontrar como enseada. Hei-de ancorar na praia da tua vontade, fundear o meu corpo em teus braços e afogar-me nas vagas dos teus cabelos, para perecer, qual náufrago sobre teu peito despido, acolhendo o meu corpo ferido pelo fogo da nossa paixão.

Nada poderá descrever a forma como a chuva escorre pela pele, como em soluços desce, contornando cada poro, aglutinando outras gotas, formando fios de água que serpenteiam pelo corpo nu, confluindo em rios alvoraçados ao chegar a protuberâncias estreitas e contidas, absorvendo o calor, precipitando-se pelo vazio até se disseminar no oceano onde mergulhamos. Se os meus dedos resvalassem assim, por essa maciez que te compõe, descobririam em cada detalhe, a certa palavra para te escrever, rios de tinta, sobre essa nudez imaculada que em sombras declamada, que é brilho fulgente de quem sabe e sente, como deixar-se tocar profundamente.

Poderia a poesia possuir a poetisa?

Convexidade

A loucura enlouquecer este louco? Que por ti se desfaz em hipotéticas metáforas, tentando criar-te a cada dia um novo mundo. Ilustrado de letras, que são como árvores, de palavras que deslizam num mar de emoções, como barcos em alto mar. Áh se eu pudesse construir-te um planeta colorido, dar forma à vida, plantando as árvores da tua floresta, pintar de azul o teu céu e nele fazer voar os pássaros, poderias dizer que seria criador, ou simplesmente um ilusionista que das letras faz emoções.

Um dia hei-de esquecer-me do corpo e dedicar-me a viver apenas de palavras escritas, nesse dia, a poesia será vida em ti, poetisa.

A minha intervenção sobre a pele despida da tela do teu corpo resume-se ao afago etéreo que o vento esculpe ao passar ao de leve pela rocha nua. Esta sensação de toque perpétua o silêncio com que me concentro em desenhar a carícia mais profunda no místico espaço desta penumbra onde te dispo. Não há volatilidade no momento porque se a brisa passa e segue, este perpétuo toque fica, como tatuagem cravada nas paredes do corpo, nos tectos da alma onde o abraço é fortuito e o sentido intuito de posse de que não abdico no momento de te amar.

Inimaginável é o limite deste quarto de paredes vazias, onde a noite parece dia e todos os segundos, magia, feita das palavras murmuradas, das sensações emprestadas por corpos de lascívia. Se eu pudesse usar as minhas asas e voar por dentro dos teus pensamentos, saberia que me permitirias tomar-te na plenitude da essência que em nós é marcante laço, apertado e conciso que nos cinge num abraço, apertado.

Convexidade

Não deduzo na tua silhueta nenhum vazio, nenhuma treva, apenas a curvilínea fantasia que inebria os meus sentidos. Poderás dizer-me que caio em tentação, que me prendo ao profano, perdendo-me do sagrado, que sou demónio em vez de anjo, mas, confesso que não sei viver de rectas, cantos e esquadros, prefiro a curvatura da pele, a ergonomia da sombra quando se estende pelo teu corpo e revela os detalhes perdidos, escondidos da luz eterna. Gosto do fogo, da labareda, no frenesim de agitação que o ar lhe provoca, é assim que tu me geras essa energia cinética que me faz vacilar, oscilar na contraluz do teu corpo que sobre mim pousa com a convergência do encaixe que só as concavidades preenchem as convexidades. Não quero saber da perfeição, de quão almejada é, apenas me importa a pele que veste a tua alma e essa fusão que é em nós equilíbrio entre fogo e paixão.

Ás mãos cheias de tinta resvala o branco nu da tela, traçando arcos, recriando sentidos na humidade frágil do tecido despido. Enlaçam-se os dedos, sem medos, mãos sobre cores, outros tantos amores que se roçam nos corpos frenéticos dos desenhos, ali pintados. Esta simbiose mágica, faz com que figuras voluptuosas, dancem em compassos incertos, como quem se passeia pelo vazio, preenchendo-o com audaciosos movimentos de luxúria. Escorrem, no declive desta planura, as mãos douradas dos amantes, que persistem no êxtase da criação, nesta arte que é já devoção, entre o Amor e emoção de fazer gemer sobre a plástica do quadro, farto de corpos emaranhados. Lânguidos dedos, a riscos, sem medo, tocam vértices e contornam curvas, deixando pingar os espessos fluídos que como rios se desaguam em mares de prazer. Esgotam-se os materiais na criação de uma pintura de amor feita, os corpos extenuados, abraçam-se no chão

Convexidade

prenhe de paixões.

Como gostaria de explicar-te, dizer, desenhar, a forma como as sombras se depositam suavemente sobre o teu corpo despido. Como constroem linhas harmoniosas que se curvam a cada esquina arredondada da tua pele. Queria ser capaz de te mostrar como meus olhos vêem a delicada nudez que te veste, como a sensualidade de que és feita é inebriante, chegando a ser viciante olhar-te apenas pelo prazer de definir em ti cada detalhe. Este estado de levitação, que leva os sentidos ao transbordo da emoção, resvalando pela emotividade de poder ao de leve tocar-te, sentir a electrizante euforia do teu espírito. Desejo navegar o teu ventre na perfeição das vagas, nos instantes de loucura em que meus lábios contra os teus embatem num arrebatado beijo molhado.

António Almas

Quero desvelar-te, descobrir-te o fôlego, suar-te o corpo, lamber-te os sentires que pelos poros deixas cair, só assim te possuirei na plenitude, entranhando-te em mim, molécula a molécula, trespassando-me, absorvendo-te na Alma, onde quero para sempre guardar o perfume da tua essência.

É impossível não querer voar com os teus cabelos quando o vento os afaga, saltar do alto do teu corpo, para encetar uma viagem que começa no teu olhar, mergulhando nas cascatas salgadas desse mar interior, que me leva em delírio na correnteza das vontades. É indescritível a paisagem que perscruto, com os teus seios nus no horizonte do meu mundo, perdendo-me por entre a cordilheira que os separa, desenhando-os e moldando-os com a ponta dos meus dedos. Escalo a tua pele, delicado manto que afago e lambo, procurando captar o sabor agri-doce da fragrância inconfundível da tua essência. Salto

119

Convexidade

num voo rasante, rumo à planura do teu ventre fértil, onde planto o prazer que conflui nesse delta onde desaguam todos os teus desejos. Bebo, da fonte dos teus caprichos, o mel que escorre como reflexo das carícias do meu corpo ao roçar o teu, nesse abraço profundo que nos funde, conectando-nos, encaixando-nos, completando o puzzle da luxúria. Este precioso momento de cartografia, permitiu-nos viajar pelo mundo encantado dos sentires, observando em detalhe cada molécula de que és feita, cada poro que exala o fogo deste vulcão tão teu.

Não é fácil conter as sensações, fazer com que caibam num simples segundo, num instante de devaneio. Como despoletar essa energia mágica que electriza os poros e incendeia a pele projectando um fogo-de-artifício que ilumina a escuridão do quarto. Será que sentes as minhas mãos escorrer como água corrente pela luz brilhante da tua aura? Será que sentes o peso da minha alma? Gostaria de provocar-te um suspiro, como se soltasses dos lábios uma leve brisa que agitaria os meus fluidos. Quisera poder desaguar no teu delta, como se fosses Vénus ou Afrodite, como se não existisse mais que este minuto, após o sublimar da vontade, da crença de ser infinitamente imenso em ti. Por vezes apenas o meu olhar contorna cada curva da tua existência, moldando e acariciando essa silhueta que em contraluz produz a sombra necessária para me fazer sentir o infinito. Diz-me, gostarias que o meu corpo fosse no teu tangente, corda que te prende neste circulo de loucura, neste sonho de aventura? Diz-me, é o meu amor imerso no teu âmago, a chama que clama pela tua imaculidade? Ou serei eu, pobre pecador que em preces se ajoelha no altar da tua adoração. Diz-me por favor,

Convexidade

se é isto o Amor.

A incongruência desta sensação estranha, atiça
duma maneira sobre-humana o desejo de soltar os
dedos, de conhecer o desconhecido prazer dos
teus beijos, a ternura da tua singular beleza
quando minhas mãos percorrem a suavidade pura
da tua pele, que desnudo ao sabor do teu perfume
de mulher. Vem, senta-te no meu colo, aconchega-
te no meu peito, como se fosse eu, ser perfeito,
onde cabes por inteiro. Dá-me o teu corpo, como
oferenda a um deus desconhecido, de quem
apenas te lembras de ter ouvido declamar
pregões, líricos contos e prosas de encantar, deixa
que minhas mãos seja teu berço, quero embalar-te
neste mundo perfeito onde nos conhecemos sem
esperar. Quero ser poesia na tua pele, escrever o
teu corpo com mel derramado na tua boca,

António Almas

resvalando pelos teus seios que beijo a teu pedido, com este sentido desvairado de quem quer de ti todo e qualquer pedaço, por mais ínfimo que seja este momento, por mais insano que seja este pecado. Deixa-me tomar-te nos meus braços, elevar-te aos céus e descer-te às chamas que inflamam a luxúria que dentro do teu ventre me perder, como lança incandescente do nosso prazer.

A onde me leva o teu pensamento? A que recantos? A que momentos? De que forma te preencho? Estas são constantes questões que me assolam, um mar de constelações enleadas nos teus cabelos, que penteio com os dedos do tempo, na placidez do silêncio, procurando descortinar as respostas. Desgoverno o corpo, sinto o fervilhar da ansiedade, e os dedos enredam-se nas palavras

Convexidade

que não te digo. Será medo da reacção, ou apenas, a tímida interjeição falando mais alto que a coragem de ser completamente sentido por ti. Sabes como não te olho profundamente com receio de mergulhar nesse lago que é o teu brando olhar. Sabes como desenho aleatoriamente com as mãos os mundos que invento, sobre a tua pele matizada de emoção. Sabes, sei que sabes, que detrás de todas as tuas palavras há um devaneio contido, escondido no ínfimo canto dum mundo que comigo queres descobrir. Vem sentar-te no meu colo, nessa intimidade pungente que nos descontrola e faz das bocas sequiosas cordas duma mesma viola, dança-me o corpo, agita-me na ondulação perfeita desse oceano que és.

O enigma persiste, por entre o olhar penetrante, e a inquietação secreta dos corpos em frémito, escondidos, controlados, mas, simultaneamente enlouquecidos. Este equilíbrio entre forças

António Almas

centrípetas e centrifugas, mantém-nos na equidistância, a centímetros de cairmos na tentação do abraço, a milímetros dos lábios que sedentos, se desejam mas que, temerosos, se sustentam na seca do estio. Observamo-nos, analisando a linguagem corporal, como quem quer descortinar o mistério, evitando a todo o custo ser o primeiro a colapsar. Mas a inevitabilidade ronda-nos, contorna-nos como se fosse um nevoeiro fino que nos esconde da realidade para lá do instante, convidando-nos a percorrer a tangente, a roçar as almas e a deixar-nos levar pelos sentidos que já gritam no silêncio o desejo de haverem sido.

Não sei por quanto mais tempo esta correlação de forças conseguirá manter-nos afastados, mas é minha vontade mergulhar no centro do teu universo, chama-me, incita-me a perder-me em ti.

Convexidade

É permanente o influxo que percorre os sentidos. Esta vontade de expirar o que está contido, em ar comprimido contra a arca do peito. Sabes a sensação? Essa respiração suspensa para que não se agite o ar e se perca o momento de contemplação do teu olhar. Esse acto de constrição que guarda todos os sentidos no abraço da carne contra o espírito, fazendo bombear, acelerado, o coração. Esse silêncio imperturbável que preservo quando te vejo, é o reflexo da adoração com que te amo, da profundidade com que te sinto, da leveza com que te tomo.

Sabes, o meu olhar contorna-te, perseguindo a sombra deste Sol que te projecta, silhueta perfeita, no chão do meu caminho. É abrasador este fogo que por dentro alimenta a fornalha do desejo, sangue que, no carmim do entardecer, percorre as veias deste corpo em constante ebulição. Percebe-me, no chegar da Noite, no vaguear das

126

estrelas que ardem nos céus do mundo que construímos com as nossas próprias mãos.

Diz-me, como posso eu resistir à provocação do teu corpo? A essa exposição de subtileza com que me mostras as curvas da tua silhueta. Dir-me-ás, que é usual, que faz parte do teu visual e que não se trata de um truque para enlouquecer este pobre mortal.

Respeito a distância que nos separa, mas não deixo de observar de soslaio o contorno das sombras sobre as pernas que em arco se cruzam, oferecendo-me ângulos de puro delírio, essa postura apelativa, deixa meus sentidos à deriva pela tua pele infinita.

É insuportável esta loucura avassaladora, com que o bico do teu decote, me convida a cair na tentação de perscrutar com a língua esse desejo

Convexidade

de saborear-te o corpo que se estende por entre teus seios, expostos, quase à deriva duma *lingerie* que tudo esconde, mas, tudo mostra.

Esse vermelho fogo, com que te vestes, cegou a minha alma e inundou o meu corpo da tua própria luxúria.

Descubro-te nesta espera desesperada por um instante, neste grito calado que sente por dentro o toque inventado. Tudo uma utopia, criada, desenhada e sentida no vazio espaço da esperança. Mas, eis que chegas, maior do que o tempo, qual Deusa grega. Que faço? Beijo-te? Abraço-te? Ou simplesmente me ajoelho a teus pés e os afago, desnudos de segredos. Estremece a alma porque a ilusão se tornou realidade num sopro de vento que antes parecia tormento e agora é já saudade.

António Almas

A intimidade gritante que sentimos é fruto duma fusão de sentidos e paixões, este fogo perpétuo que alimentamos, acalenta-nos os corpos e mantém as almas em constante conexão, propagando os sentimentos como fruto desta combustão. Ouvem-se as vozes, observam-se os gestos, os corpos que se agitam como bandeiras, os sorrisos e os olhares que se cruzam como as águas de mar nesta mística forma de amar o outro.

Depois deste instante, nada mais será como antes, todos os silêncios serão preenchidos com pensamentos, e até os desejos mais carnais, explodirão em coloridos carnavais de emoções. Quero mais, desejo tocar-te para lá do ar que nos envolve, estender os dedos como pincéis e matizar-te o corpo com eternos vendavais, expirações cálidas que inundem o cálice do teu corpo e te façam mulher nos meus lábios.

Convexidade

Esta vertigem que se apodera dos meus sentidos, quando dedilho a tua pele, esse vício que me consome quando saboreio as curvas do teu corpo, devora-me a carne, que em chamas, não se sustem na queda pelo precipício do desejo de definir, mais e mais, os detalhes íngremes das tuas encostas.

Resvalo, na cadência das palpitações, por entre pequenos vulcões em constantes erupções, expelindo lava pela boca da tua criação. Esta fluência é alimento das vontades, é rio que nasce na foz do teu gozo e escorre selvaticamente pelas protuberâncias infladas do meu prazer.

Quisera suspender, agora, neste preciso momento, o tempo para que deixasse de transcorrer e permanecêssemos neste instante eternamente. O teu delírio será sempre a nascente do meu desígnio, hei-de procurar constantemente a tua satisfação, como prémio da minha entrega e devoção às sombras que contornam a tua silhueta, aos desejos que são as fontes de onde bebo, quando teu corpo no meu se derrama.

Sabes que no limite deste infinito espaço que somos, há um lugar onde os nossos mundos se encostam, tão profundamente que as peles se tocam, os sentidos se propalam em ondas cósmicas que arrepiam a maciez da tua tez. Sente, como em suaves redemoinhos tatuo nos teus poros as cores deste sentir, como nos teus lábios roço os dedos colhendo o mel do teu gosto, prazer que degusto de tantas outras formas. Esta inexistente presença preenche-se de tantos fios que nos conectam, de tantos prazeres que nos conservam neste éter, nesta utopia prazenteira em que gostamos de nos molhar. Hoje escrevo-te, porque em mim nasce o desejo incontornável de poder em ti ser, não apenas ilusão, mas sobretudo

Convexidade

mar que alaga o teu mundo, vento que afaga os teus cabelos, contorna teu corpo despido na transparência dos silêncio, nesse vício que é o meu beijo, na avidez do sabor do sal do teu suor que se faz gemido em mim.

Sigo o fluxo da tua vontade, como ramo solto na corrente do teu rio, esperando alcançar o delta do teu corpo onde beberei o néctar da tua essência, fragrância que completará o meu ser. Deixa-me ser em ti o fogo que queima com fulgor a tua libido e satisfaz esse desejo de ser carta deste amor que te entrego.

Nesta declaração de rendição, entrego-te na palma da mão a vontade de me fundir em ti.

De todas as montanhas do Universo, são as do teu corpo que quero escalar, com a subtiliza de quem sente a cada toque a maciez da pele

António Almas

despida, a cada curvatura do perfil a sombra que aperfeiçoa os contornos dum corpo arrepiado pelo prazer de ser tocado.

Este mundo tão teu, onde cada planície se estende a perder de vista, é espaço da minha deriva, onde o Sol do teu olhar ilumina os passos firmes dos meus dedos rumo aos desconhecidos desfiladeiros do teu paraíso de mulher. Ousas provocar-me, forçando-me a contornar-te em apertados trilhos, onde poros afilados são sinónimo dum prazer despertado pela sensibilidade da minha língua que prova o agridoce paladar do suor da tua pele.

Por mais que explore todo este imenso relevo que te faz, jamais me canso de aprender de novo cada pequeno detalhe, cada sombra em perspectiva, cada lugar secreto, gruta escondida onde nasce a essência da própria criação. Serei em ti eterno vagante, que perscrutará infinitamente as belezas e o prazer de no teu corpo viver.

133

Convexidade

Envolto no mistério que é névoa em teu corpo, divago pelos silêncios feitos de noites calmas e de cálidas oscilações do teu ventre que como um lago, repousa com a suavidade tépida da água do oceano que te preenche. Saberia descobrir muito mais da tua magia se tivesse nos meus dedos o tempo, e no meu corpo a velocidade necessária para atingir a luz que emana do teu olhar.

O amor é propício à contemplação, sem que haja necessidade de declamação, de interjeição ou exclamação. Apenas porque é ele próprio arte, contempla-se, com a distância certa e o ruído correcto do marulhar das folhas nas árvores desse secreto jardim, onde escondes a porta de acesso ao mundo interior governado pelos teus instintos.

Sinto, profunda admiração, quase veneração, pela mais singela pose do teu corpo, por aquele olhar de soslaio com que me perguntas porque te olho, pelo agitar dos teus cabelos ao vento, ou tão-somente porque te vejo profundamente dentro da

António Almas

Alma e sei porque nasceste, porque viestes e exististe aqui e agora, na minha frente, neste momento tão sublime e diferente do resto da vida que nos passa ao lado.

É lânguido o olhar que absorve a luminosidade, como quem se delicia com cada detalhe, como quem sabe que ângulo a luz vai cortar no arco que desenha sobre a tranquilidade do corpo adormecido no orvalho da manhã. Diria que não existirá poesia se quem a escreve não tiver um momento de observação, sobre este despontar de claridade, sobre o horizonte desnudo de um corpo de mulher. De que se alimenta o poeta? Senão da sedução das palavras que descrevem com mestria um preciso instante que ofusca a sua sensibilidade e o deixa no desespero de encontrar nas letras a capacidade de construir a imagem que vislumbra

135

Convexidade

com a frase, a metáfora e a intensidade com que desperta esta paixão adormecida.

Por vezes quedo-me paralisado, tentando encontrar-me, perante tamanha beleza, diante este jardim de perplexidade que é o teu corpo despido. O meu queixo caído debate-se com a gravidade para absorver a imensidão da paisagem que perante mim se estende. Chego a clamar por Deus, criador desta obra de arte, convencendo-me de quão abençoado sou, por ter o privilégio de contemplar, no silêncio desta manhã, o teu delicado acordar.

Há uma urgência de sentir, uma necessidade de percepção que me leva a perseguir o desejo de saborear a tua pele. Serão as incontornáveis curvas com que te insinuas? Ou simplesmente esta sede secular que consome o meu corpo, como se fosse lenho seco, num fogo ardente que não se extingue? Não encontro justificativos, formas ou palavras com as quais explicar-te o que sinto. Esta intensidade que me assola perscruta a ondulação do teu caminhar, a tua forma de falar, de abraçar o vento quente do meu respirar, devora-me avassaladoramente fazendo-me colapsar numa ânsia que já não consigo controlar. Depois... Depois dissolvo-me como se fosse sangue fugindo da ferida, derramado na água fria do riacho. Morro e nasço, porque a tua existência se sobrepõe às próprias forças divinas, que dão e colhem vidas. Sou árvore, cinza e nada. Barro, Alma e homem. Rarefeito e refeito desde o princípio dos tempos, para ser teu por toda a eternidade.

Convexidade

Índice alfabético

António Almas

Convexidade

O autor reserva-se o direito de não aplicar a este trabalho
o novo acordo ortográfico, por opção.
Todas a imagens incluídas neste livro são de desenhos
do próprio autor. Todo o seu trabalho está
disponível em http://www.aalmas.eu

www.ingramcontent.com/pod-product-compliance
Lightning Source LLC
LaVergne TN
LVHW051642080426
835511LV00016B/2449